Thema Deutsch

Schülerarbeitsheft für die Sekundarstufe II

Inszenierte Wirklichkeit

Literatur der 1990er Jahre

Erarbeitet von Hermann Korte,
Horst Spittler und Bernd Telgmann

Ernst Klett Schulbuchverlag Leipzig
Leipzig Stuttgart Düsseldorf

Inhalt

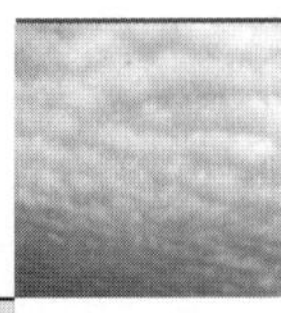

Zu Konzeption und Aufbau des Heftes

Gegenwartsliteratur – damit verbinden viele immer noch Autoren wie Böll, Borchert, Dürrenmatt, Frisch, Grass oder Walser, um nur einige der bekanntesten zu nennen. Anders gesagt: alles, was nach 1945 veröffentlicht worden ist, wird zur „Gegenwartsliteratur" gerechnet. Bedenkt man, dass die genannten Autoren im ersten oder zweiten Jahrzehnt des 20. Jahrhunderts geboren worden sind, ist das eine sehr großzügige Rechenweise, die freilich insofern verständlich ist, als mit Ausnahme Borcherts alle bis an die Schwelle der 90er Jahre publiziert haben und Grass und Walser, die beiden einzigen noch lebenden von ihnen, heute noch schreiben.
Natürlich haben längst auch „jüngere" Autoren wie Thomas Bernhard (Jahrgang 1931) und Heiner Müller (Jahrgang 1929), von denen allerdings der erste schon mehr als zehn, der andere nur knapp weniger als zehn Jahre tot ist, oder Peter Handke (Jahrgang 1942) und Botho Strauß (Jahrgang 1944) Eingang in den Deutschunterricht gefunden. Schließlich kann auf Patrick Süskinds Roman *Das Parfüm* von 1985, dem Todesjahr Bölls, und Robert Schneiders *Schlafes Bruder* von 1992 verwiesen werden, die bereits zu den „Klassikern" unter den Schullektüren gehören. Allerdings stehen diese beiden Beispiele ziemlich einsam da, und danach kommt kaum noch etwas. Um die Präsenz der Gegenwartslyrik und des zeitgenössischen Theaters im Deutschunterricht steht es sogar noch schlechter.
Die Gründe hierfür liegen weniger in der mangelnden Qualität der im letzten Jahrzehnt veröffentlichten Literatur. Es sind wohl eher andere Hindernisse, die der Berücksichtigung dieser Literatur im Unterricht im Wege stehen. Zum einen sind die meist gebundenen Erstausgaben in der Regel so teuer, dass man ihre Anschaffung Schülerinnen und Schülern nicht zumuten möchte. Zum anderen sind Lehrerinnen und Lehrer gehalten, repräsentative Unterrichtsinhalte auszuwählen. Und wer traut sich schon zu zu entscheiden, was in der Flut von Neuerscheinungen als repräsentativ zu gelten hat?
Das vorliegende Heft nimmt nicht für sich in Anspruch, über letztgültige Kriterien für diese Entscheidung zu verfügen und der Literaturgeschichtsschreibung vorgreifen zu können. Es möchte aber Mut machen, nicht immer erst die „Kanonisierung" eines Werkes abzuwarten, sondern selbst einmal den Schritt in literarisches Neuland zu wagen. Es versteht sich, dass angesichts der Fülle literarischer Produktion eine Auswahl zu treffen und Schwerpunkte zu setzen sind. Nur so können in diesem Heft alle Bereiche der Literatur, also Prosa, Lyrik und Theater, berücksichtigt werden.

1 „Hauptsache echt"? – Einführung

Joseph von Westphalen: Die Lust an Inszenierungen (2002)

Die ganze Welt ist eine Bühne: Wie ein Stoßgebet wird diese Behauptung immer wieder gern geseufzt, mit der man im Handumdrehen den Ernst des Lebens zu einem Spiel macht – und damit erträglicher. Besser Bühne als Jammertal. Der Trostspruch, den Shakespeare so schön in Worte gefasst hat, funktioniert, wenn die Lage nicht allzu schlimm ist.

Geht es ans Sterben, hilft das Bühnenbewusstsein nicht weiter oder wäre zynisch. Bei mäßigen Missgeschicken aber wie Kündigungen, Einbrüchen, glimpflich verlaufenen Unfällen und vielleicht sogar Scheidungen kann der Gedanke schmerzmildernd wirken, auch auf Jacques, den Edelmann in der Verbannung, den Shakespeare in seiner Komödie „Wie es euch gefällt" vor rund 400 Jahren diesen Ausspruch tun ließ. Was soll's, die Menschen sind alle nur Schauspieler, sie spielen Rollen, sie „treten auf und gehen wieder ab", oder wie es im Original heißt: „They have their exits and their entrances." Die ursprünglich barocke Lebensweisheit ist erstaunlich haltbar und kompatibel. Atheisten und Christen können sie gleichermaßen beherzigen, selbst die Esoteriker können damit leben. Für Gläubige ist Gott der Autor und Regisseur, für Heiden ist das Dasein ein Improvisationstheater, in dem man seine Rolle spielend selbst erfinden muss, und die Esoteriker sind der Überzeugung, dass die Sterne den Ablauf des Stücks vorzeichnen.

Der tägliche Sprachgebrauch beweist, wie sehr wir daran gewöhnt sind, das Leben als ein Stück anzusehen. Die Boulevardzeitungen tun nichts lieber als die menschlichen Umtriebe als „Dramen" oder „Tragödien" zuzubereiten und zu verkaufen. Sehr viel seltener wird das Leben als Komödie aufgefasst, obwohl es doch durchaus hilft, eine mühsame Ehe oder ein unangenehmes Anstellungsverhältnis wenigstens als Farce oder Posse zu betrachten und damit erträglicher zu machen.

Wohin man blickt: Theater. Eine Weile wurde gern mit dem Begriff „Szenario" hantiert. Vor allem in den 80er Jahren malte man sich alle möglichen Horrorszenarien aus, bevorzugt Weltuntergänge durch Atomkriege. Der Reaktorunfall Tschernobyl 1986 war dann keine ausgedachte, sondern eine wirkliche Tragödie. Ebenfalls in den 80er Jahren kamen die Computer und die französischen Philosophen in Mode, und plötzlich war alles „Simulation" und „virtuell" – auch das nur neue schicke Wörter für das Grundbedürfnis der Menschen, dass bitte alles nur ein Spiel sein möge. Wenn man sich seltsam fühlte, sagte man, man habe das Gefühl, „im falschen Film" zu sein.

Die französischen Meisterdenker aber haben die Welt weiß Gott nicht wirklich erklären können und die Computer auch nicht. „Simulation" und „virtuell" sind Begriffe, die langsam ausgedient haben und zu muffeln beginnen. Mit Computerprogrammen erzeugte virtuelle Welten, egal ob Museumsspaziergänge oder Mörderspiele, sind modernistische Mätzchen, die bald ihre restlichen Reize verloren haben werden.

Und schon ist das nächste neue Wort für den altbekannten Sachverhalt da. Als es im Frühjahr im Saarbrücker Theater in einer Vortragsreihe darum ging, ob Literatur, Kunst, Wissenschaft und Politik nicht alles nur Maskerade und Theater seien, überraschte der Ministerpräsident des Saarlands, Peter Müller, mit der Auskunft: Selbstverständlich! Selbst eine Abstimmung im Bundesrat über ein nicht ganz unwichtiges Zuwanderungsgesetz ist mitsamt der oppositionellen Empörung alles nur Theater, alles nur inszeniert.

Das einzugestehen war nicht ungeschickt. Neu am Bekenntnis des Ministerpräsidenten war, dass eine ursprünglich negative Sache, die man bisher eher mit finsteren Machenschaften verband, nun wertfrei oder fast positiv erscheinen sollte. Eben noch dachte man beim „Inszenieren" an heimtückische Fallenstellerei, ans Paktieren und Kalkulieren, Spekulieren und Taktieren - vielleicht auch ans Intrigieren, Antichambrieren und Diffamieren. Indem nun selbst von Ministerpräsidenten Absprachen und Regieführung eingestanden werden, sollen Politiker als topfit, clever und spielerisch erscheinen.

Regieren ist Inszenieren. Diese Gleichung möchte keck und schick klingen, zugleich edel und ehrlich nach modernem Management, wo Erfolge gemacht werden können. Literatur oder Kunst, Drogen oder Discos – und jetzt offenbar auch die Politik: Es gibt nur noch Szenen, und es kommt darauf an dazuzugehören. „They have their entrances." Jeder Parteitag, jeder neue Autotyp, jedes neue Betriebssystem, jeder neue Roman, alles, was durchgesetzt werden soll, braucht heute seinen inszenierten Auftritt. Doch immer, wenn inszeniert wird, kann auch ein Schmierenstück herauskommen.

Gelungene Inszenierungen sind selten.

Oder so grausam, dass man davor zurückschreckt, sie so zu bezeichnen. Zweifellos war das Attentat der Islamisten auf die USA am 11. September vergangenen Jahres eine exakt vorbereitete, und was die Zerstörung der Twin Towers in New York betrifft, perfekt durchgeführte Inszenierung. Nichts anderes dürfte der Komponist Karlheinz Stockhausen gemeint haben, als er, überwältigt von den Eindrücken, wenig später von der Ästhetik der Katastrophe sprach und sich damit in die Nesseln setzte.

Je klarer sich die Gesellschaft darüber ist, dass Inszenierung das Leben bestimmt, desto größer ist das Verlangen nach Authentizität. Wer heute ankommen will, muss vor allem authentisch wirken. In ungekünstelter Boulevardsprache: Hauptsache echt.

aus: Joseph von Westphalen: Echt oder unecht – ist das die Frage? In: Chrismon. Das evangelische Magazin, 11/2002, S. 32–33

1 Welche Funktion weist der Autor dem heutigen Bedürfnis nach Inszenierung zu und welche Vorformen führt er an?

2 Überzeugen Sie die Beispiele, die belegen sollen, dass unser ganzes Leben durch Inszenierungen bestimmt ist?

3 Welches gegenläufige Bedürfnis weckt das Übermaß an Inszenierungen? Stimmen Sie dieser Entgegensetzung zu?

2 Popliteratur – Prosa

2.1 Die Medienwelt

Christoph Türcke: Die Sensationsgesellschaft (1994)

Sensation bedeutete ursprünglich nichts als Wahrnehmung. Aber heute wird aus der Flut der täglich bekannt gemachten Ereignisse und Katastrophen nur noch wahrgenommen, was ganz besonders hervorsticht. Sensation ist, was die Wahrnehmung aus ihrem gewöhnlichen Trott wirft.

[...]

Im Bedeutungswandel des Wortes Sensation von „Wahrnehmung" zu „Wahrnehmung des Außergewöhnlichen" steckt ein vernichtendes Urteil: Was sich aus der Masse des Dargebotenen nicht heraushebt, verdient nicht, wahrgenommen zu werden. Was nicht wahrgenommen wird, ist ein Nichts, wer nicht wahrnimmt, ein Niemand. Im Bedürfnis nach Sensation steckt die Existenzangst einer ganzen Gesellschaft.

Eine in der Philosophie längst abgetane These ist im Konkurrenzkampf privater und öffentlicher Medien aktueller denn je: Sein ist Wahrgenommenwerden. Seit der Einführung privater Fernsehkanäle halten gerade in Deutschland die Kameras spürbar hemmungsloser auf Tote und Verletzte, Schreiende und Verzweifelte, Geschlechtsteile und Orgasmen. Es gehe ihnen einzig um schonungslose Berichterstattung, nicht um Sensationsmache, versicherten neulich die „Tagesthemen" der ARD. „Solange es geht", versicherte die Moderatorin, werde man an dieser Linie festhalten. Man weiß also, dass es nicht mehr lange geht, dass die Privaten einem den Rang ablaufen, wenn man nicht selbst die Hemmschwellen senkt.

Auf dem Weg zur Sensationsgesellschaft gibt es Ereignisse, die ungleich „historischer" sind als all die dauernd so genannten Gipfeltreffen und Abkommen. Das Benetton-Plakat, das die blutverschmierte Kleidung eines von Serben erschossenen bosnischen Soldaten zeigt, hatte nur ein Ziel: auffallen. Sein Tabubruch war vor allem strikter Gehorsam gegen die Marktgesetze. Den hat es nur schockierend kompromisslos praktiziert, auf unverschämte Weise den Schluss bloßgelegt, den die meisten bisher nur verschämt zu ziehen wagen: Wenn Auffallen als solches gut ist, weil überlebensnotwendig, so kann das, womit man auffällt, nicht schlecht sein. Gut und Böse werden damit zu ästhetischen Kategorien, und Ästhetik wird zur Ontologie: zu der Disziplin, in der es um Sein oder Nichtsein geht.

Man braucht nur die durchschnittliche Geschwindigkeit, mit der heute in Film und Fernsehen die Bilder aufeinander folgen, mit der von vor dreißig Jahren zu vergleichen, und man bekommt besten Anschauungsunterricht über Existenzangst. Die rasante Beschleunigung erklärt sich ja nicht als punktueller ästhetischer Kunstgriff, mit dem große Filmer auch früher schon Rausch, Traum, Benommenheit, Desorientiertheit auszudrücken wussten. Sie ist ein allgemeiner Sog. Videoclips und Werbung geben das Tempo an; Shows, Dokumentationen, Nachrichten folgen in geringerem oder größerem Abstand, unkritisch oder kritisch nach.

Die gesteigerte Bildschirmunruhe ist das offenbare Misstrauen gegen die Wirkkraft des einzelnen Bildes. Es ist nur so lange „da", wie Aufmerksamkeit für es da ist. Wo die schwindet, ist es nicht mehr, muss es durch neue Bilder ersetzt werden. Nicht Geschwindigkeits-

Popliteratur als Bezeichnung für einen Bereich im breiten Spektrum der Popkultur ist ein schillernder Begriff. Er wird weder einheitlich verwendet noch ist er eine Erfindung der 90er Jahre. Die Anfänge der Popliteraur reichen z. T. bis in den Dadaismus zurück.

„Der amerikanische Medientheoretiker Leslie A. Fiedler war der Erste, der Ende der sechziger Jahre von einer „Pop-Literatur" sprach. Damit meinte er die Autoren der Beat Generation, die eine offene Literatur „von unten" schrieben, dachte aber auch an die Pop-Art, die Gebrauchs- und Alltagsgegenstände und Bilder von Popstars in die Museen brachte. Der aus der Musik stammende Begriff *Pop* verweist sowohl auf das Wort *popular* (= populär, bei der Masse beliebt) wie auch auf den Laut *pop*, der soviel wie Zusammenstoß, Knall bedeutet. Für die Literatur forderte Fiedler dementsprechend ihre Öffnung gegenüber der populären Kultur und ihre intensive Auseinandersetzung mit Fernsehen, Mode und Popmusik. Diese erste Popliteratur zeigte kleine Alltagsszenen, die Texte wurden mit Hilfe von Fotos, Collagen und Comics visualisiert."
(aus: Thomas Ernst: Popliteratur. Rotbuch 3000. Europäische Verlagsanstalt/Rotbuch Verlag, Hamburg 2001, S. 7)
Als Literatur „von unten" trat Popliteratur unter diesem Namen in Deutschland erstmals in Verbindung mit der politischen Studentenbewegung der späten 60er Jahre in Erscheinung und ins Bewusstsein einer breiteren Öffentlichkeit. Doch gerade die 68er-Generation mit ihrem politischen Engagement und ihren gesellschaftlichen Utopien ist ein bevorzugtes Angriffsziel der Popgeneration der 90er Jahre. Ihre Inhalte, Formen und Intentionen haben sich gegenüber der älteren Popliteratur erheblich gewandelt. „Von einer Literatur gesellschaftlicher Außenseiter ist Popliteratur zu einem Etikett der Unterhaltungsindustrie geworden" *(Thomas Ernst, Popliteratur, S. 9)*. Immerhin veröffentlichen einige Popliteraten heute ihre Texte in Verlagen, die bis dahin Autoren der Hochkultur vorbehalten waren (z. B. der Suhrkamp Verlag).

54 horror vacui: Angst vor der Leere

lust, wie Fallschirmspringer oder Rennfahrer sie genießen, erhöht das Bildtempo, sondern ein horror vacui: das Gehetztsein von der Angst, in den Abgrund des Nichtwahrgenommenen zu fallen.

[...]

Der moderne Kampf um Wahrnehmung ist auf zweierlei aus: wahrgenommen werden und wahrnehmen. Wie nur das, was auffällt, sich Existenzberechtigung verschafft, so versichert nur das, was einem auffällt, der eigenen Existenz. Gerade weil die Flut all dessen, was sich täglich danach drängt, wahrgenommen zu werden, so enorm abstumpft, taub und reglos macht, bedarf es des Schocks der Sensation, der die Wahrnehmung aus dem Gleis des gleichgültigen Registrierens wirft. Nur so kann man sich seiner selbst als eines lebendigen, fühlenden Ichs vergewissern. Dieser Schock tendiert von vornherein zur Sucht. Weil die Sensation sich abnutzt, kann sie sich nur durch Steigerung erhalten. Sie muss immer dichter und intensiver an die Empfindungen herantreten. Für die höhere Videokunst bedeutet das die Simulation von dreidimensionaler Erfahrung und darin stattfindende Reisen durch die selbst zusammengemischten Erlebnisse einer virtual reality. Für die große Masse bedeutet es den Übergang zum Reality TV.

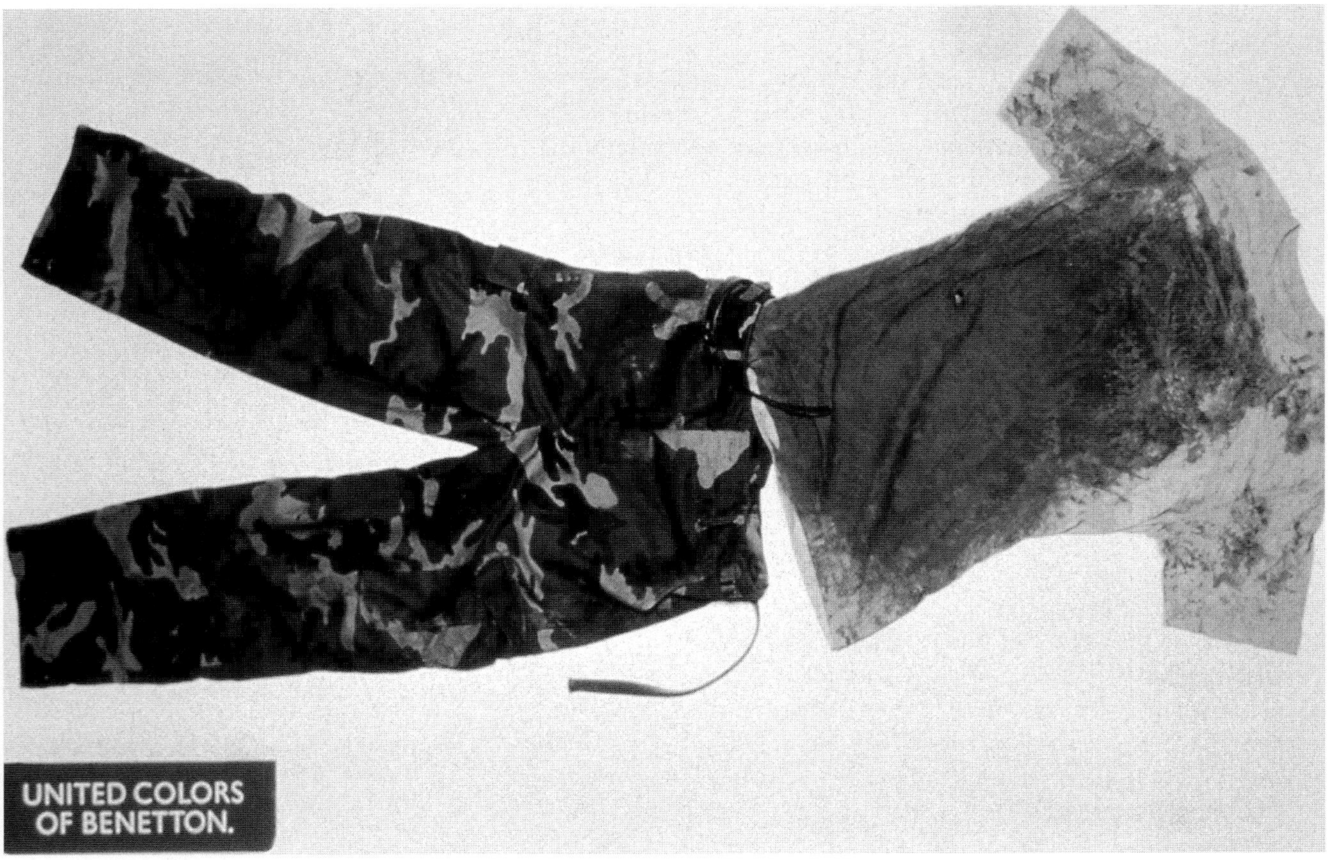

Benetton-Werbung (1994)

Immer häufiger ist man denn auch live dabei, wenn Häuser brennen, Flugzeuge abstürzen, Rennfahrer verunglücken, Geiseln genommen werden. Der Schauer authentischen Erlebens wird erzeugt: Dies ist nicht gestellt, sondern echt. Natürlich ist es so echt auch wieder nicht. Den Sinnenkitzel macht gerade die spezifische Gleichzeitigkeit von Nah- und Fernsein aus: Man erlebt das brennende Haus, aber man droht nicht selbst zu brennen.

Kein Zweifel, dass die Mehrheit diese Ferne will. Keine Frage, dass Fahrgäste der Straßenbahn, in der eine Horde Jungen über ein Mädchen herfällt und Anstalten macht, es zu vergewaltigen, perfektes Fernsehverhalten an den Tag legen, wenn sie alle wie auf Verabredung wegsehen und nur eine Mutter ihrem Kind noch „Guck da nicht hin" zuraunt. Das ist wie auf den Aus-Knopf drücken, nach dem Motto: Was nicht wahrgenommen wird, ist nicht, wer nicht wahrnimmt, ist nicht verwickelt.

Auf dem Vormarsch aber ist die Gegentendenz: das Sich-Einschalten in die wirkliche Situation ohne jegliches Augenmaß für die damit verbundene Gefahr, wie jüngst in Frankfurt, als auf offener Straße ein Mann aus dem kriminellen Milieu einen anderen mit der Maschinenpistole regelrecht exekutierte, in ein Geschäft flüchtete – und die gierige Menge, die sich um das Geschäft bildete, sich von Polizisten nicht außer Schussweite zurückdrängen ließ. Pures Glück, dass keine Maschinenpistolensalve auf sie abging.

Mündige Bürger als unzurechnungsfähige Lemminge: Indem die Faszinationskraft der audiovisuellen Sensation ähnlich nachlässt wie die Integrationskraft der Gesellschaft, wächst das Bedürfnis, sich unmittelbar ins wirkliche Leben zu stürzen, und zwar so instinktlos gegen dessen wirkliche Gefahren, wie man im audiovisuellen Bann geworden ist. Den Sturz ins wirkliche Leben ersehnen

Benetton-Werbung (2002)

kann freilich nur, wer sich ums eigene Leben betrogen fühlt. Der unter Jugendlichen wachsende Zwang, jede größere Betonkonstruktion, Häuserzeile, Unterführung oder Brücke zu beschmieren, gibt zu verstehen: Das ist nicht meine Welt; ich muss ihr etwas von meiner Farbe geben, um es darin auszuhalten.

Das ist die Sprache des Betrogenseins, die auch für die Gewalt, die in den Schulen, Jugendtreffs und auf den Straßen grassiert, immer charakteristischer wird. Wenn man auf fahrenden U-Bahnen herumtanzt, wo jede falsche Bewegung, jedes zu späte Abspringen tödlich ist, oder sich nicht einfach nur mit anderen prügelt, sondern sie ohne ersichtliche Motive und Schuldgefühle quält und umbringt, wozu man sich zunehmend von Behinderten provoziert fühlt, dann nimmt „Sensation" eine neue Bedeutung an: Die Sucht nach ihr wird zum Bedürfnis, ihre audiovisuelle Gestalt zu sprengen.

Die audiovisuellen Schocks reichen nicht mehr; sie lassen dich nicht mehr spüren, dass du bist, sie gehören selbst zu der gigantischen Unwirklichkeit, die ums eigene Leben betrügt, sich nicht fassen lässt, einen wie eine riesige Gummizelle umschließt, an allen Ecken und Enden nachgibt und doch unentrinnbar bleibt. Da hinauswollen, sich ins wirkliche Leben stürzen, und sei's der Tod, der eigene oder der fremde: das ist die fortgeschrittenste Form der Sensationssucht. Dass sie (selbst)zerstörerisch ist, ist offensichtlich; dass ein horror vacui sie umtreibt, ist ihre verborgene Seite.

aus: Christoph Türcke: Die Sensationsgesellschaft. In: DIE ZEIT vom 26. 8. 1994, S. 32

1 Durch welche Verhaltensweisen ist die Sensationsgesellschaft bestimmt? Wie stehen diese zueinander?

2 Welche Bedeutung kommt den Medien, vor allem dem Fernsehen in der Sensationsgesellschaft zu?

3 Können Sie sich als Mitglied der Sensationsgesellschaft begreifen oder halten Sie diese Beschreibung der heutigen Gesellschaft für unzutreffend?

Florian Illies: Generation Golf (2000)

Florian Illies (2000)

Florian Illies, Jahrgang 1971, stammt aus dem hessischen Städtchen Schlitz, für dessen Lokalzeitung er bereits als Sechzehnjähriger journalistisch tätig war. Nach einem Geschichts- und Kunstgeschichtsstudium und einem Volontariat bei der Fuldaer Zeitung wurde er Mitglied der Feuilletonredaktion der Frankfurter Allgemeinen Zeitung, deren „Berliner Seiten" er von 1999 bis zu ihrer Einstellung 2002 leitete. Sein im Jahre 2000 erschienenes Buch *Generation Golf* avancierte zum Bestseller.

Wer ein wenig enttäuscht über die Kürze der Fernsehspots ist, mit denen VW seinen neuen Golf IV anpreist, und gerne wissen möchte, was der junge Banker im strömenden Regen oder das beschwingte Paar im dunklen Wald macht, muss nicht gleich verzagen. Ihre Fortsetzung finden diese Spots in den Vorabendserien *Gute Zeiten, schlechte Zeiten* und *Verbotene Liebe*. Auch das Personal der Serie *Marienhof*, zunächst eine Verkörperung der Generation Opel Rekord, ist inzwischen beim entsprechenden Modell angelangt. Was *Denver* und *Dallas* in unseren Hirnen zart vorbereiteten, was die *Schwarzwaldklinik* dann forcierte, ist mit den Daily Soaps seit Mitte der neunziger Jahre zum beherrschenden Fernseherlebnis unserer Generation geworden: Keine Szene dauert länger als zwei Minuten, irgendwie hängt alles mit allem zusammen, irgendwann ist jeder in jeden verliebt, und eigentlich ist es ja nicht so schlimm, weil alles nur Fernsehen ist. Die Schauspieler sind Anfang Zwanzig und kommen mit dem Minimalwortschatz von Mario Basler aus. Man findet als Zuschauer dennoch Freunde in der Serie, die zuverlässig sind, Tag für Tag, und die nach Belieben elektronisch abrufbar bleiben.

So etwas kommt natürlich nicht von ungefähr. Unsere Liebe zur Serie wurde natürlich schon früh geweckt, wenn auch noch in einem anderen Medium. Die ersten Serien waren sogenannte Bücher, und sie hießen *Hanni und Nanni*, *Die fünf Freunde*, *TKKG* und *Die drei Fragezeichen*. Es ging immer um eine Gruppe von Jugendlichen, die einen Anführer hatten, und es gab immer einen dicken Jungen, der ständig Hunger hatte, ganz so wie zeitgleich auch bei den Filmen *Eis am Stil*. Diese Bücher, die Jahr für Jahr in neuen Folgen aufgelegt wurden, zeigten uns, dass es irgendwann egal wird, was die Helden erleben, Hauptsache, man ist dabei, wenn es weitergeht. Diese Bücher waren ideale Voraussetzungen für den jahrelangen Konsum von Vorabendserien. Denn auch diese Serien gaben gar nicht vor, eine Welt außerhalb des Fernsehens zu simulieren, was sie wahrscheinlich so authentisch macht. So sehr haben wir diese Haltung inzwischen verinnerlicht, dass wir immer öfter das Gefühl haben, auch unser Leben sei nur eine RTL-Vorabendserie. Wir ziehen uns so an, reden so, und wenn es ganz hart wird, hoffen wir auf die Werbeunterbrechung. Ganz irritiert stellen wir fest, dass man so tatsächlich durchs Leben kommen kann, so lange zumindest, wie auch alle anderen genau dasselbe denken. Wir wachen morgens nicht auf und denken: Mist, Mathearbeit. Sondern: Leben, 1237. Folge, mal gucken, was kommt. Das macht wahrscheinlich die merkwürdige Gelassenheit unserer Generation aus, die die Älteren nie verstehen werden. Der Film *Lola rennt* von Tom Tykwer bietet noch eine andere Erklärung an: Wenn Lola dreimal die Chance bekommt, eine verfahrene Situation zu bereinigen, dann ist das vor allem eine Übertragung des Prinzips der drei Leben aus den Computerspielen und Gameboys auf die Wirklichkeit. Wenn es einmal nicht so läuft, hat man immer noch zwei Leben frei.

So wie man sich im achtzehnten Jahrhundert für Verspätungen mit dem Hinweis entschuldigen konnte, man habe noch schnell einen Roman zu Ende lesen müssen, und sich über die Romanfiguren unterhielt wie über gute Bekannte, so haben diese Funktion bei uns die täglichen Vorabendserien übernommen. Zu einer besonders guten Freundin wurde uns allen dabei die unschuldige, reine Julia aus *Verbotene Liebe*. Spätestens als sich Julia von ihrer Freundin anhören musste, dass sie immer alle so bemutterte „wie Mutter Beimer in der Lindenstraße“, war klar, dass die *Lindenstraße* Fiktion ist, *Verbotene Liebe* jedoch Wirklichkeit. Auch so etwas prägt.

aus: Florian Illies: Generation Golf. Eine Inspektion. Fischer Taschenbuch 15065, Frankfurt/M. 2001, S. 125–127

1 In welcher Weise haben die Vorabendserien im Fernsehen die „Generation Golf“ geprägt?

2 Überlegen Sie, was es bedeutet, wenn Florian Illies sagt, „dass wir immer öfter das Gefühl haben, auch unser Leben sei nur eine RTL-Vorabendserie“.

3 Inwieweit entspricht die „Generation Golf“ der „Sensationsgesellschaft“?

Joachim Bessing: Contrazoom (1999)

Mein Versuch, zu erzählen was damals in Frankfurt auf der Buchmesse geschah, gleicht dem Zusammensetzen eines zerschossenen Spiegels. Mit der besonderen Schwierigkeit, dass die einzelnen Stücke des Spiegels von den im letzten Spiegelbild dargestellten Personen in die Taschen gesteckt und fortgetragen wurden. Was also geschah damals in Frankfurt? Vor allem: Was war im letzten Bild zu sehen? [...]

Am Stand gegenüber sah ich Christian wieder. Er kniete dort vor einem Mann in einem schwarzen Lederanzug. Neben dem Mann stand ein kurzhaariger Junge, den ich nicht kannte. Der Junge sang dem Ledermann ein Lied vor. Es war, glaube ich, „Kristallnaach“ von BAP, und eigentlich machte er auch nur die Gitarrenmelodie nach. Christian bat mich, ebenfalls zu knien. Der Mann sei Ingo Schulze – der schönste Dichter, den seine Augen jemals schauen durften. Ich stellte die Sektbecher auf einem Bücherstapel ab und kniete mich hin.

Wohl nicht zufällig sind viele der Popliteraten in der **Medienbranche** beschäftigt. Florian Illies, Benjamin von Stuckrad-Barre, Joachim Bessing, Christian Kracht, Alexander von Schönburg sind oder waren zumindest zeitweise als Journalisten tätig. Ein Großteil der Texte in *Remix* und *Deutsches Theater* von Stuckrad-Barre sind vorab in Zeitungen und Zeitschriften veröffentlicht worden. Nach seinen Anfangserfolgen hat die Fernsehpräsenz dieses Autors ein beachtliches Ausmaß erreicht und ihm sogar eigene Shows beschert. Kein Wunder also, dass die Medienwelt mit ihrer Tendenz, die Grenze zwischen Fiktion und Wirklichkeit aufzuheben, den Rahmen bildet, in dem sich die Autoren der Pop-Literatur bewegen. Kein anderer Schauplatz ist für diese Literatur und für diese Literaten deshalb so passend wie die Frankfurter Buchmesse. Sowohl Joachim Bessings Erzählung *Contrazoom* als auch *Show # 9* im *livealbum* von Benjamin von Stuckrad-Barre spielen auf der Buchmesse.

8 Christian: Christian Kracht

14 Ingo Schulze: geb. 1962, Schriftsteller

21 Benjamin: Benjamin von Stuckrad-Barre

29 Alice Schwarzer: populäre Frauenrechtlerin, Herausgeberin der Zeitschrift *Emma* und Verfasserin von Biografien und Sachbüchern
Ralph Giordano: geb. 1923, Journalist, Fernsehdokumentarist und Schriftsteller

63 Eckhart: Dr. Eckhart Nickel, geb. 1966, freier Schriftsteller

Von unten aus betrachtet sah Ingo Schulze noch elementar unangenehmer aus. Er trug einen ledernen Hut, wie ihn australische Naturparkwächter tragen müssen. Einzelne, lockige Strähnen hingen ihm ins Gesicht. Seine Haut war fleckig und gerötet, er wirkte verwirrt. Benjamin, so hieß der kurzhaarige Junge im silbernen Anzug neben ihm, sang jetzt „Do kanns zaubre“, auch von BAP. „Ach ja – ich bin dieses Jahr übrigens wieder den ganzen Winter in Kalkutta. Madras, Goethe-Institut, höchstens mal so zwischendurch –“, erzählte Ingo Schulze und winkte fröhlich zu uns herunter. „Du Christian, wenn du Lust hast, kannst du mich da gerne besuchen. „Ich hab da auch ein Haus und so.“ [...]

In der Ecke, in der wir vorhin auch schon gesessen hatten, saßen jetzt Alice Schwarzer und Ralph Giordano. Giordano, den Christian seit Jahren kannte, war ein echter Gentleman. Er sah blendend aus, gebräunt, mit beeindruckend vollem Haar, und er war sehr gut angezogen, im offenen Hemdkragen einen bauschigen Shawl. Es gefiel mir, wie er uns Alice Schwarzer vorstellte – „Eine wirkliche Dame, meine jungen Herren“ –, ganz freundschaftlich. [...]

„Ach, ist das heute wieder herrlich -“. Freute sich Frau Schwarzer und zupfte an meinem Jackett. „Warum habt ihr euch eigentlich so schön angezogen? Ich meine, mir gefällt das ja.“ Christian trank aus und stand auf. Er schwankte schon ein bisschen. „Liebe Frau Schwarzer“, sagte er und faltete bittend seine Hände, „ich möchte jetzt vor Ihnen knien!“ Ich kniete mich auch hin, Benjamin auch.

„Sie sind die schönste und klügste Frau, die unsere Augen jemals schauen durften.“ Sie lachte. Giordano schenkte nach. „Mensch!“, rief er und öffnete dabei die dritte Flasche, „wenn ich jetzt nicht hinüber in Halle drei müsste, zu der Diskussion über die Wehrmachtsausstellung, würde ich diese Flasche jetzt ganz alleine austrinken, und dann würdet ihr den wahren Ralph kennen lernen!“ Darauf tranken wir. Giordano gab jedem von uns die Hand. „Wir sehen uns doch heute bestimmt noch auf dem Fest.“ Er verschwand schnell im inzwischen stark angeschwollenen Strom der Fachbesucher auf dem Gang. Ich sollte ihn nie wiedersehen.

„Ihr kommt also heute Abend?“, fragte Frau Schwarzer. Ich wusste eigentlich nichts von dieser Party, aber Christian erklärte uns allen, es handele sich dabei um die schönste Party, die wir je geschaut hätten. Mit nichts zu vergleichen, der Höhepunkt der Messe. Ich war jetzt wirklich betrunken und sagte: „Ich werde es schauen.“ Wir tranken schnell aus, und dann stand auch Frau Schwarzer auf und lachte: „Gut, meine Lieben, ich gehe jetzt zum Hessischen Rundfunk, das letzte Interview für heute. Wir sehen uns ja nachher.“ [...]

Die Party war im Hotel „Frankfurter Hof“. Es gab keine Einladungen und keine Türsteher am Eingang. Ich weiß nicht mehr, wie spät es damals war, aber die Eingangshalle war schon voller Menschen in Abendkleidung. [...]

Plötzlich stand Eckhart vor uns. Er hatte sich verändert, seit ich ihn vor einem Jahr in Berlin gesehen hatte. Sein Haar hatte er sich bauschig in die Stirn geföhnt, er sah jünger aus. Eckhart war gerade erst aus Heidelberg angekommen und wartete auf einen Radkurier. Er hatte eine sehr schöne dunkelgrün gestreifte Krawatte an. In den Augenwinkeln hatte er ganz zarte Falten, das war mir früher nie aufgefallen. Die kleine Flasche Krug war leer, aber Eckhart führte uns zu einer kleinen Bar gleich beim Eingang, wo es Champagner umsonst gab.

Im Saal war es inzwischen noch voller geworden. Weit weg, in einer Sitzecke des großen Saals sah ich Alice Schwarzer mit unbekannten Begleiterinnen. Die Foyerbar, zu der Eckhart uns dann führte, war überhaupt gar keine Bar. Es war ein Ausstellungsraum des Juweliers Wempe, ungefähr so groß wie ein Hotelzimmer. An den Wänden standen teuer aussehende Vitrinen, in denen angeleuchtete Uhren und Ringe ausgestellt waren. Ein paar Kaffeetischchen und Stühle standen herum, in der Mitte des Raumes steckte ein ausladender cremefarbener Blumenstrauß in einer goldenen Amphore. Aber was Eckhart über die Getränke erzählt hatte, stimmte.

Auf einem Buffet zwischen den Vitrinen standen zwei große Eispokale der Firma Krug, in denen Champagnerflaschen steckten. Neben diesem Tisch stand[en] Harry Rowohlt in einem Jeansanzug und ein hagerer Typ in einem schlechtsitzenden schwarzen Zweireiher mit rotem Einstecktuch. Der Hagere diskutierte gerade mit einem Hotelkellner, ohne ihn dabei anzusehen. Der Kellner sprach sehr leise und hielt ihm eine längere Liste hin, der Hagere wiederholte nur immer wieder sehr laut, er sei der Manager von „Mr. Rowohlt" und dass alles in bester Ordnung sei. Wir nahmen uns ein paar Gläser und verließen die Bar.

In einem Sessel in der Lobby saß Rainald Goetz und schrieb in ein Notizbuch. Er freute sich richtig, uns zu sehen. Sein Gesicht war verschwitzt, und er riss seine Augen ganz weit auf. „Hey super. Ihr hier. Was hast denn du da für einen supertollen Streifen an deinem Hemd?"

Ich fragte mich, warum er mich das fragte. Er wusste doch genau, dass Helmut Lang diese Hemden machte. Das war bestimmt nur ein Versuch, mich zu einer Antwort zu bringen, die er irgendwann in seinen Büchern verwenden konnte. Seit seinem Buch „Rave" waren wir nämlich alle sehr misstrauisch geworden. Darin hatte er die belauschten Drogengespräche vieler unserer Bekannten einfach aufgeschrieben, und denen war das im Nachhinein ziemlich peinlich gewesen. Eine Freundin von uns hatte er besonders genau zitiert, und die ist dann ein halbes Jahr lang vor Scham überhaupt nicht mehr ausgegangen.

Ein kleiner Hotelangestellter bahnte sich einen Weg durch die Menschen. Er hielt ein Schild hoch, auf dem „Dr. Eckhart" stand. Eckhart redete kurz mit ihm, der kleine Mann verschwand zur Rezeption, und dann kam er wieder, hinter ihm ein Radkurier. Der Kurier holte einen schmalen Umschlag aus seiner Umhängetasche und gab ihn Eckhart. Eckhart unterschrieb einen Kurierscheck.

In dem Umschlag war eine kleine silberne Pappschachtel, darauf stand in sehr schöner, schwarzer Schrift: „Platinum Égoïste". In der Schachtel lagen kleine Briefchen aus weißem Papier. Rainald Goetz lachte ununterbrochen und schrieb alles mit. Mit Rainald und der Schachtel gingen wir dann zu den Toiletten.

Zu fünft passten wir nicht in eine Kabine, also legte Benjamin die Linien direkt auf den trockengewischten Marmor zwischen zwei Waschbecken. Genau in diesem Moment ging die Tür auf, und ein dünner Lockenkopf kam herein und rief etwas auf finnisch. Rainald stellte sich vor uns hin und lachte, während Benjamin das Kokain auf seine Karte scherrte und in die vorletzte Kabine trug. Wir quetschten uns alle mit hinein. „Super", flüsterte Rainald und lachte immer noch. „Ehrlich, ich find's so super!"

85 Harry Rowohlt: geb 1945, Übersetzer, Rezitator, ZEIT-Kolumnist und Gelegenheitsschauspieler (*Lindenstraße*)

93 Rainhold Goetz: geb. 1954, studierter Mediziner, Romanautor

aus: Joachim Bessing: Contrazoom. In: Mesopotamia. Ernste Geschichten am Ende des Jahrtausends. Hrsg. von Christian Kracht, Deutsche Verlagsanstalt, Stuttgart 1999, S. 97, 106–108, 112–114

Benjamin von Stuckrad-Barre: Show # 9 (1999)

Die Buchmesse. Das Schaulaufen, die Viehversteigerung. Seid ihr alle da? Ja, Kasper. Hier trifft sich das Hirn der Republik, aber auch Vertreter aller anderen Organe, der da zum Beispiel ist doof und der auch, na, und der erst. Signieren, Hände schütteln, ach SIE sind das, ja und Sie sind DAS, genau, freut mich, dass wir jetzt auch mal persönlich, wo ist denn, das ist in der anderen Halle, bis später, auch da, schon gesehen, schon gehört, schon betrunken? Ein Interview, zwei Interviews, und wums, die Taschenbuchrechte verkaufen. Vielleicht. Da ein Plakat, dort ein echter Autor, da beides auf einmal. Ist auch jemand hier, der nicht auf irgendeinem Plakat lacht, nee, nicht lacht, sondern Stirnfalten macht? Im Ü-Wagen ist es eng, aber da haben wir unsere Ruhe. Ist das mein Handy, nein, das muss Ihr Handy sein. Jetzt ist es aus. Eine Luft ist das hier. Im Schwerpunktthemaland habe ich noch nie Urlaub gemacht, Sie denn? Ja, hab ich von gelesen, hab ich gehört. Essen? Bisher auch nur Kekse vom Droemer & Knaur-Stand. Da hinten gibt es Würstchen, aber man kommt zu nichts, und ich kann jetzt hier auch nicht weg. Schlimm, dieses Wettbieten. Weiß gar nicht, wie spät es gestern genau geworden ist. Klar, lass uns Bücher tauschen. Bestsellerliste, aber trotzdem Verlustgeschäft, na bei dem Vorschuss, das ist ja verlegerischer Selbstmord. Unser Hotel ist auch weit draußen. Selbst ein Verriss im Quartett vervierfacht den Umsatz. Der dort drüben, ist das nicht, na sicher, doch, wollen wir wetten? Werd ich alt oder ist es noch enger und lauter als letztes Jahr? Absolut unverkäuflich – 1000 Seiten und im Schuber, naja, weil er Geburtstag hat und auch dicke mit dem Verleger ist, muss man auch mal so sehen. Heute Abend? So'n Buch verkaufste ja auch nicht über Presse, das läuft ausschließlich über Mundpropaganda, ein Frauen-Ding ist das. Hier, hab ich bei Rowohlt geklaut, war puppenleicht. Den *FAZ-Magazin*-Fragebogen ausfüllen zu dürfen, schmeichelt dem Autor, aber du verkaufst damit NICHT EIN Buch mehr. Sitzt gerade an einem großen Berlin-Internet-Roman, der verrennt sich, ist doch sonnenklar. Hast du gesehen – hackedicht und zwei Groupies im Schlepptau, man, dem ist ja gar nichts peinlich. Von einem Stipendium ins nächste schliddern, ich sag dir mal was, auf dem Arbeitsmarkt heißt das ABM. Bertelsmann – alles Bertelsmann. Nee, keinen Sekt vor sechs, kein Bier vor vier. Wenn du das siehst, dann kann man ja gleich Telefonbücher rausgeben, also, das ist ja echt das Ende. Den Sonntag schenke ich mir. Die wollen sich jetzt literarisch positionieren?, na Glück auf. Vielleicht nach der Lesung, ach, das ist heute Abend auch. Zurück ins Funkhaus.

Ein Wahnsinn. So, als ob man das ganze Jahr durch Wald und Wiesen joggt und dann plötzlich mit den anderen im Stadion. Wer hat Vorsprung, wer die besseren Schuhe, wer drängelt, he, nicht schubsen, wer ist gedopt, wer macht schlapp, wer hat das bunteste Trikot und ist damit am häufigsten im Bild, der ist ein guter Sprinter – versagt aber bestimmt auf längerer Distanz, wer überholt da von hinten rechts, puh, ist der schnell, klar, die Innenbahn ist auch kürzer, Betrug! Fehlstart, Hürden reißen, Zerrung, Fotofinish auf Bioleks Parkett. Und alle laufen im Kreis.

[...]

Abends sollte ich auf einer Gala ein Grußwort sprechen. Auch das noch? Klaro. Meine Agentin hatte das *eingestielt, klargemacht, ausgecheckt, confirmed* – also machte ich das auch. Schon halbtrunken, nach zwei Stunden Messe vollkommen wirr im Kopf, schnell mal

22 Quartett: *Das literarische Quartett*, Literatursendung

Dieter Bohlen auf der Frankfurter Buchmesse 2002

ins Hotel. Neues Hemd. Es war das letzte saubere.

– Ihr Fahrer ist dann da.

– Danke, bin gleich soweit

Mein Fahrer war dann da.

[...]

Aha ja. Ein dreiminütiges Grußwort. Meine sehr geehrten Damen und Herren, lieber Betrieb. 50 Jahre Buchmesse, das heißt auch 50 Jahre Deutschland, deutsche Geschichte unter unterschiedlichsten Vorzeichen. Als es anfing, na; und nun sehen Sie mal, wo wir heute und wir wollen natürlich nicht vergessen.

Die Parkplatzwächter sahen den Ausweis des Fahrers, ärmelten uns rein und schoben Stahlzäune zur Seite. Im Halbdunkel waren die Männer bloß Neonwesten. Ich guckte wieder in die Unterlagen, das wirkte seriös. Das Grußwort stand, das Auto auch, die Türe schnellte auf. So der Herr. Danke Ihnen sehr. Nein, kein Gepäck. Ich werde Sie heute Abend auch wieder abholen, also heute Nacht, denke ich, wann immer Sie wollen. Hier meine Karte mit der Mobilnummer.

Drinnen wurde ich direkt vor die Bühne gesetzt und fing schnurstracks an, Wein zu trinken, war schließlich Buchmesse. Dazu aß ich Vorspeisen aus allen Teilnehmerländern und hatte bald einen opulenten Grand Prix im Bauch, sah mich schon vor dem Messehallenklo knien, da winkte mir der Moderator und sprach meinen Namen, und ich stieg auf die Bühne und stieß mit einem amerikanischen Bestsellerautor zusammen, der sehr ungehalten reagierte, er hatte Schwierigkeiten mit dem Übersetzohrstöpsel, hatte sich mit Mayonnaise bekleckert, und dann war er in einer Laudatio auch noch mit einem kanadischen Historiker verwechselt worden, na, in seinem nächsten Thriller würde er ein paar Deutsche extra umlegen, das sah man ihm an. Plötzlich fühlte ich mich, als müsste ich nach sechs schlaflosen Nächten vor 100 000 gelangweilten Menschen sämtliche Anschlusszüge in Hamburg Hauptbahnhof verlesen, die man so erreichen kann gegen 15 Uhr, inklusive Regionalbahnen. Hörte meine Stimme anheben und losreden und das drei Minuten lang, dreieinhalb sogar. Es gab genug zu trinken, ein internationales Büffet, und draußen regnete es. Hier bekam jeder Applaus.

Der herbeitelefonierte Van-Fahrer kam in einem Golf und erzählte so aufgebracht wie detailliert, wie ihm eine Preisträgerin den Van vollgekotzt hatte. Und „der Naumann“, mit an Bord, hätte immer nur lachend gesagt

– Ja, Kinder, ist doch Messe!

aus: Benjamin von Stuckrad-Barre: livealbum. Kiepenheuer & Witsch, Köln 1999, S. 170–176

1 Wie verstehen Sie den Titel „Contrazoom“?

2 Vergleichen Sie die beiden Auszüge aus *Contrazoom* und *livealbum* unter folgenden Gesichtspunkten:
- Wie erlebt der Leser die Frankfurter Buchmesse?
- Wodurch unterscheiden sich Erzählweise und Erzählhaltung beider Texte?
- In welchem Verhältnis stehen Fiktion und Wirklichkeit, in welchem Ich-Erzähler und Autor zueinander?
- Welche Einstellung zu der Veranstaltung „Buchmesse“ lassen die Ich-Erzähler erkennen?
- Wodurch unterscheiden sich die Rollen, die Benjamin von Stuckrad-Barre als Figur in *Contrazoom* und als Ich-Erzähler in *livealbum* spielt?

3 Was lässt sich in *Contrazoom* aus der Episode mit Rainald Goetz über Bessings literarische Verfahrensweise entnehmen?

Sammeln Sie Informationen über die Popliteraten Florian Illies, Benjamin von Stuckrad-Barre, Joachim Bessing, Christian Kracht und Alexander von Schönburg, z. B. aus Zeitschriften, dem Internet oder der Homepage der Autoren.

Rainer Moritz: Popliteratur als Medieninszenierung* (2001)

Was in den Siebzigern harmlos begann, ist inzwischen fast außer Kontrolle geraten. Der literarische Markt folgt der Popindustrie und versucht, in immer kürzeren Abständen neue Sensationen und Moden zu kreieren. Autoren, die, so der Agentenjargon, „highly promotable" sind, werden mit neuartigen Marketingkampagnen gepuscht und nicht zuletzt nach ihren außerliterarischen Eigenschaften bewertet. Erfolg hat nicht selten der, der in TV-Runden publicity-wirksam aufzutreten vermag, eine raffinierte eigene Homepage hat, für unkonventionelle Aktionen zur Verfügung steht oder zumindest so schillernd wirkt, dass er zum Gegenstand einfühlsamer Porträts wird. Einer, der nicht mehr will, als ein überzeugendes literarisches Werk vorzulegen, und nicht bereit ist, die Medienklaviatur zu bedienen, hat es schwerer denn je. Die Lautstärke seiner Mitbewerber hat beträchtlich zugenommen, und – das ist gewissermaßen die andere Seite – die Neigung der Kritik, auch Nicht-Literarisches in den Mittelpunkt zu stellen, ist größer geworden.

Beide Aspekte gehören zusammen: Eine nachrückende Autorengeneration, nicht selten einer „Ich-will-Spaß"-Haltung verpflichtet, rückt von hehren Dichteridealen ab und versteht ihr Tun zunehmend als Teil kurzlebiger Medieninszenierungen. Paradebeispiel dieser Ex-und-hopp-Literaten ist Benjamin von Stuckrad-Barre, der mit nicht zu unterschätzender Intelligenz seine Rolle als gut gekleideter, blasierter Jungliterat spielt, der in der Regel nichts oder wenig zu erzählen hat und darüber alljährlich ein neues Büchlein publiziert. Höhepunkt seiner Rollenspiele waren die Werbeaufnahmen, die er zusammen mit Christian Kracht für eine Bekleidungsfirma

Benjamin von Stuckrad-Barre und Christian Kracht werben für Peek & Cloppenburg

machte. Was hier maßloser Narzissmus ist und was ausgeklügeltes Spiel mit Medienerwartungen, lässt sich schwer sagen; Stuckrad-Barre immerhin gibt vor zu wissen, was er tut.

aus: Rainer Moritz: Das verflixte zweite Mal. Erfolgreiche Debütanten: Zur Rezeption ihrer zweiten Bücher. In: literatur für leser 24/2001, Heft 3, S. 195

1 Was kritisiert Rainer Moritz an der Popliteratur?

2 Halten Sie diese Kritik nach Ihrer bisherigen Kenntnis für zutreffend oder unzutreffend?

3 Halten Sie Christian Krachts und Benjamin von Stuckrad-Barres Werbefoto für Peek & Cloppenburg für eine legitime und passende Ausdrucksvariante von Popliteraten oder für eine geschmacklose und Schriftstellern unwürdige Selbstvermarktung?

Aus einem stern-Interview mit Benjamin von Stuckrad-Barre (2000)

stern: *Sie sagen: „Heute muss man zu seinen Büchern ein Image mitliefern.“ Weshalb?*

Stuckrad-Barre: Wer unter Beobachtung steht, verhält sich automatisch künstlich. Man muss den Medien eine Figur zur Verfügung stellen, die der Autor sein könnte. Ziel dieser Tarnung ist vor allem der Selbstschutz, denn wer sich nicht stilisiert, der wird stilisiert – und das ist ja die gefährlichere Variante.

stern: *Welche Deformationen beobachten Sie an sich durch Ihr dauerndes Posing?*

Stuckrad-Barre: Öffentliche Auftritte verschleißen auch bei mir das Sensorium für Peinlichkeit. Gut zu beobachten im Fernsehen, wo ich bislang überzeugend den gut angezogenen Jungrüpel gegeben habe – allerdings vermindert schuldfähig, glaube ich: Wenn man bei der N3-Talkshow eine Stunde lang Dana Schweiger zuhört, wie unheimlich wichtig das mit ihrer Schwangerschaftscreme ist, und dazwischen noch diese kunstrothaarige Mallorca-Abgeordnete Alida Gundlach plärrt, dann sagt man entweder gar nichts oder wird ausfallend. Da habe ich dann eben Dana Schweigers Babycreme „bellybutton“ herumgeworfen. Peinlich ist nur, dass man genau dafür eingeladen wurde. Man kommt aus diesen Talkshows nicht heil raus.

stern: *Haben Sie deshalb Ihren Auftritt bei Johannes B. Kerner vorige Woche platzen lassen?*

Stuckrad-Barre: Kerner wollte unbedingt einen bereits beigelegten Streit zwischen „Pur“-Sänger Hartmut Engler und mir befaseln. Das wäre eine Mischung aus „Verzeih mir!“ und „Was nun, Herr v. Stuckrad-Barre?“ geworden – also wieder nur peinlich. [...]

stern: *Wenige beherrschen das Prominenten-Bashing so gut wie Sie. Warum werden Sie zur Mimose, wenn Sie mal Thema sind?*

Stuckrad-Barre: Viele betteln mit ihrem Verhalten darum. Ich erziele große Erfolge damit, aus Zeitschriften die offenen Briefe der Wussows vorzulesen oder wie Jürgen Drews bei der Busenvergrößerung seiner Frau schreit: „Noch mehr reinstopfen!“ Das ist großartiges Material, das diese Leute sonderbarerweise freiwillig zur Verfügung stellen. Ich mache so was nicht, also werden meine Frisur, mein Geburtsjahr und meine Kleidung rezensiert. Gut finden muss ich das aber nicht.

aus: „Alles ist falsch – man selbst auch“. Interview mit Benjamin von Stuckrad-Barre. In: stern 36/2000

1 Empfinden Sie Benjamin von Stuckrad-Barres Selbstdarstellung in dem Ausschnitt aus dem Interview als ehrlich oder eher als Selbstinszenierung?

2 Bestätigt oder widerlegt Ihrer Meinung nach Stuckrad-Barre in dem Interview die Kritik von Rainer Moritz?

Versuchen Sie, sich Videoaufzeichnungen von Fernsehauftritten der Popliteraten zu verschaffen, z.B. von Benjamin von Stuckrad-Barres „Lesezirkel“ auf MTV, und beobachten Sie deren Auftritt in und Umgang mit diesem Medium.

2.2 Unterhaltung oder Gesellschaftskritik?

Florian Illies: Generation Golf (2000)

Der Snobismus unserer Generation wurde [...] relativ lange unter den Teppich gekehrt, wahrscheinlich auch, weil es an Identifikationsfiguren fehlte. Ende der achtziger Jahre erschien in Amerika der Roman *American Psycho* von Bret Easton Ellis, der uns weniger wegen der blutrünstigen Gewaltphantasien interessierte als wegen der Dokumentation des Markenfetischismus unserer Generation. Jede Socke einer handelnden Person wurde einer bestimmten Firma zugewiesen und seltsames Verhalten sofort auf die unpassende Krawatte zurückgeführt. Damals war es aber noch nicht so weit wie 1999, als Harald Schmidt im Wiener Burgtheater Auszüge aus Bret Easton Ellis vorlas – hätte er es damals gemacht, hätte man das noch in hundert Jahren als Gründungsveranstaltung unserer Generation feiern können. Weil es aber eben noch zehn Jahre dauern sollte, kam glücklicherweise vorher Christian Kracht.

Im Jahre 1995 erschien sein Roman *Faserland*. Zum einen war das ein wunderbares Buch, in dem Kracht Bret Easton Ellis' Markenkompendium kongenial auf die deutsche Produktwelt übertrug. Zum anderen aber las man hier erstmals von einem Sohn aus sehr gutem Haus und von seinen dekadenten Reisen zwischen Sylt und dem Bodensee, man erfuhr, dass ihm das Kindermädchen früher die Krüstchen vom Brot abgeschnitten hatte und dass er Taxi fuhr, sooft es ihm Spaß machte. Dass man in Bars ging, um einen Drink zu nehmen. Eines der zentralen Motive des Buches war zudem eine Barbour-Jacke, und die Ernsthaftigkeit, mit der Kracht Markenprodukte einführte und als Fundamente des Lebens Anfang der neunziger Jahre vor Augen führte, wirkte befreiend. Nicht nur ich, so durfte man endlich sagen, finde die Entscheidung zwischen einer grünen und einer blauen Barbour-Jacke schwieriger als die zwischen CDU und SPD. Es wirkte befreiend, dass man endlich den gesamten Bestand an Werten und Worten der 68er-Generation, den man immer als albern empfand, auch öffentlich albern nennen konnte. Dass ich das Buch von Kracht dadurch kennen lernte, dass ich meine Barbour-Jacke mit der einer blonden Heidelberger Kunstgeschichtsstudentin vertauscht hatte, nahm ich von Anfang an als gutes Zeichen. Als ich sie besuchte, um wieder an meine eigene Jacke zu kommen, lag auf ihrem Nachttisch *Faserland*, und sie sagte lapidar: „Das muss man lesen, wenn man Barbour-Jacken vertauscht." Sie hatte wahnsinnig Recht.

Seine Fortsetzung fand *Faserland* drei Jahre später in den Romanen *Soloalbum* und *Livealbum* von Benjamin von Stuckrad-Barre. Der *Spiegel*, ganz irritiertes Zentralorgan der 68er, fasste *Soloalbum* mit spitzen Fingern an und schrieb etwas vom „Amoklauf eines Geschmacksterroristen". Wir jedoch lasen das Buch mit gierigen, Ice-Tea-verklebten Fingern durch, weil es so mustergültig abrechnete mit der Latzhosen-Moral der siebziger Jahre und ihrer verlogenen Sprache.

Kracht und Stuckrad-Barre bekannten sich in einer Anzeigenkampagne für Peek & Cloppenburg auch als konsequente Anzugträger. Mit ihnen wurde erstmals öffentlich, dass nicht nur spätexistentialistische Nil-Raucher inzwischen wieder den dunklen Zweiteiler ohne Krawatte bevorzugen, sondern auch die Junge Deutsche

Novelle. Dankbar war man auch, als Kracht und Stuckrad-Barre als erste Generationsgenossen zugaben, eine Putzfrau zu haben. Da ging ein Ruck durchs junge Deutschland.

aus: Florian Illies: Generation Golf, a. a. O., S. 153– 156

1 Was sind nach Florian Illies Kennzeichen der „Generation Golf"?

2 Illies nennt vier Romane, in denen die Generationsmerkmale ihren Ausdruck gefunden haben. Handelt es sich somit um ein literarisches oder ein soziologisches Phänomen?

3 Wovon fühlt sich die „Generation Golf" befreit? Wie beurteilen Sie dieses Befreiungserlebnis?

Joachim Bessing (Hrsg.): Tristesse Royale (1999)

ALEXANDER V. SCHÖNBURG Wenn morgen hier in Deutschland an einer Schule so eine Bluttat geschieht wie in Littleton. Wenn Milchgesichter dreißig junge Menschen abschlachten, dann sind wir fünf schuld daran, weil wir es versäumen, unserer Generation Werte zu geben. Obwohl wir denkende Menschen sind und Stilgötter.

[...]

ECKHART NICKEL Ich persönlich bin eine Werte-Vademecum.

ALEXANDER V. SCHÖNBURG Das wäre ja schön und gut. Alles, was ich hier an uns feststellen kann, ist zwar Orientierungslosigkeit, aber es ist schön, wenn dies die Werte sind. Das beruhigt mich jetzt wieder. Es ist interessant und traurig.

[...]

BENJAMIN V. STUCKRAD-BARRE Ist also die Levis-Jeans ein bleibender Wert?

ECKHART NICKEL Die Levis-Jeans ist in etwa ein so bleibender Wert, wie der Goldene Schnitt in der Malerei es ist.

[...]

ALEXANDER V. SCHÖNBURG [...] Mode ist Scheinwelt. Der einzige Ausweg aus diesem Teufelskreis der Kollektivierung des Individualismus ist vielleicht die Spiritualität, für mich im Christentum, andere mögen es Rock nennen, diffamierend, wenn du so willst. Aber wahrscheinlich ist es am Ende das.

[...]

JOACHIM BESSING Von innen bomben. Das wäre mein Vorschlag.

ALEXANDER V. SCHÖNBURG Ein interessanter und trauriger Vorschlag.

JOACHIM BESSING Bomben aus Semtex bauen und die dann in Prada-Rucksäcken an die Art-Direktoren schicken, per Kurier. Oder das Café Costes oder das Adlon sprengen. Ich glaube eben die Bombardierung der Stätten des Falschen von innen heraus wird die Zukunft sein.

ALEXANDER V. SCHÖNBURG Interessant. Eine neue Form des urbanen Terrorismus als Anti-Konsum-Terror, wie es ihn in Moskau bereits gibt.

JOACHIM BESSING Anzüge in Armani-Boutiquen hängen, die innen mit Kontaktgift bestrichen sind, so dass der Käufer sofort stirbt.

BENJAMIN V. STUCKRAD-BARRE Aber das ist doch lediglich eine sofort erkennbare, destruktive Veränderung, wohingegen die RAF auch nichts anderes bewirkt hat, aber deren Ziel es zumindest war, nach der Zerstörung etwas Neues zu schaffen. Oder sie hatten das, was früher – in Zeiten von Jutta Ditfurth – einmal Utopie hieß oder auch Vision. Die wollten also etwas zerstören für einen Neuanfang,

Tristesse Royale: „Für das letzte Wochenende im April" des Jahres 1999 mietete Joachim Bessing „fünf Einzelzimmer und ein geräumiges Kaminzimmer – die Executive Lounge im vierten Stock, mit Blick auf das Brandenburger Tor – im Hotel Adlon, Berlin". Dorthin eingeladen hatte er Christian Kracht, Eckhart Nickel, Alexander von Schönburg und Benjamin von Stuckrad-Barre. Dies „popkulturelle Quintett" war zusammen gekommen, um Antworten auf die Fragen zu finden: „Wie sehen sie die Welt? Und was hält ihre Welt im Innersten zusammen?" (Tristesse Royale, S. 11; aus rechtlichen Gründen können die Gesprächsbeiträge von Christian Kracht nicht mit abgedruckt werden.)

8 Vademecum: Ratgeber

(von links) Christian Kracht, Eckhart Nickel, Benjamin von Stuckrad-Barre, Alexander von Schönburg und (sitzend) Joachim Bessing

von dem sie eine konkrete Vorstellung hatten. Das ist bei Joachim Bessings Vision exakt nicht so.
ALEXANDER V. SCHÖNBURG Bei den Grünen auch nicht.
BENJAMIN V. STUCKRAD-BARRE Nein.
JOACHIM BESSING Natürlich gibt es da keine konkrete Vorstellung vom Danach. Es führt ins Garnichts. Es gibt auch nicht so etwas wie einen Inhalt –
BENJAMIN V. STUCKRAD-BARRE Ah, und das interessiert mich jetzt wieder: Was ist denn dann die erreichte höhere Stufe des Bewusstseins? Wer ist eher zu beneiden? Die Prada-Rucksackverschicker mit den Bomben, die wissen, dass nichts danach kommt, oder die RAF-Leute, die ein Glühen in den Augen haben, zumindest für ein paar Jahre ihres Lebens? Die eben an etwas glauben können. Das bedeutete ja auch zutiefst gläubig sein. Es funktionierte wie eine Religion.
JOACHIM BESSING Alles, was jemand im Laufe seines Lebens tut, hat damit zu tun, daß er sich danach sehnt – wie es bei den Cardigans heißt: „Erase and Rewind". Wie bei dieser Zaubertafel, die es früher gab – man malt darauf, dann zieht man am Schieber, die Fläche ist wieder blank, und alles ist weg, vielleicht nur die Hälfte davon, aber man kann jetzt von neuem anfangen.
ALEXANDER V. SCHÖNBURG Ein wirklich schönes Bild.
JOACHIM BESSING Zum Beispiel Drogen im Übermaß genossen führen allein dazu, einmal den Speicher komplett zu –
ECKHART NICKEL löschen.
JOACHIM BESSING – zu entleeren, und es bleibt ja komischerweise immer wieder ein Etwas zurück, dass dann konstituierend ist und zum Neuaufbau der gleichen Gedanken und Pläne führt. Deshalb glaube ich, dass Spiritualität oder Bombenwerfen nichts anderes sind als Versuche, eine weiße Leinwand herzustellen, auf der wir noch einmal anfangen könnten.
ECKHART NICKEL Sonst hätte es auch keinen Sinn, Kunst zu machen – meine Leinwand ist die Gesellschaft, und sie ist stark gespannt.
BENJAMIN V. STUCKRAD-BARRE Das habe ich auch nicht bestritten. Nur, dass die RAF im Gegensatz zu uns auch behauptete, die Fingerfarben im Hinterzimmer zu haben und ein Bild zu kennen, das sie dann auf dieser Leinwand zu malen vorhatte.
[...]
BENJAMIN V. STUCKRAD-BARRE [...] Sie hatten ein Programm. Wir haben keines, hoffe ich.

aus: Tristesse Royale. Das popkulturelle Quintett. Hrsg. von Joachim Bessing, Ullstein, Berlin 1999, S. 81, 148, 155 ff.

1 Benennen Sie die einzelnen Themenkomplexe des Gesprächs.

2 Wie beurteilen Sie den Beitrag, den das Gespräch zur Diskussion über verbindliche Wertvorstellungen in unserer Gesellschaft leistet?

3 BENJAMIN V. STUCKRAD-BARRE Gibt es denn gar keine bleibenden Werte mehr?
JOACHIM BESSING Doch, eine Uhr von IWC. (S. 164)
Wie verstehen Sie diese Äußerung? Suchen Sie in dem Gespräch weitere Äußerungen dieser Art.

4 Welches Ziel verfolgen Ihrer Meinung nach die fünf Popliteraten mit ihrem Gespräch?

5 Bestätigt oder widerlegt das Gespräch Illies' Charakterisierung der „Generation Golf"?

6 Welchen Eindruck macht auf Sie das Gruppenfoto des „popkulturellen Quintetts"?

Benjamin von Stuckrad-Barre: Gastronomie (2001)

Das letzte Krabbenbrötchen meines Lebens schmeckte vorzüglich. Ich aß es an einem Donnerstagabend an der nördlichsten Fischbude Deutschlands, also bei Gosch in List auf Sylt. Am nächsten Morgen um 7:00 Uhr sollte mein dreitägiger Hospitanten-Dienst bei Gosch beginnen, ich war gerade angekommen, hatte ein schäbiges Lohnarbeiterzimmer in einer goschnahen Pension angemietet und wollte noch einmal auf der anderen Seite der Theke stehen, erstens aus Recherchegründen, zweitens hatte ich Hunger. Und drittens wusste ich noch nicht, was ich nun weiß. [...]

Am nächsten Morgen um 7:00 Uhr werde ich kurz durch das Sylter Zentrallager geführt, von dem aus die Gosch-Filialen der Insel beliefert werden. Man zeigt mir die in Tablettregalen auftauenden Shrimps, die sich gerade in einem unansehnlichen Zwischenstadium befinden, triefnasse graue Matschblöcke, daneben das eingebeutelte Krebsfleisch; dort dies, hier jenes – ich kann mir kaum was merken, bloß, dass das einst sehr teure Krebsfleisch immer billiger und beliebter, dafür aber die Shrimps bald unbezahlbar werden. Ich bekomme einen Goschkittel mit eingesticktem Logo-Hummer und eine rote Schürze, und es geht los.

An einem Hebelkorkenzieher stehend entkorkt jemand einige hundert Weinflaschen. Der Korken wird nicht vollständig gezogen, aber nach dieser Halböffnung können die Flaschen später von den Servierkräften per Hand geöffnet werden, das spart Zeit, denn an der Theke ist es wahnsinnig hektisch, erklärt mein Kollege.

Ich versuche, ihm zu helfen, seine Handgriffe zu imitieren, über Fehler den Vorgang zu verstehen, mir dann eigene Erleichterungstricks auszudenken, wie man eben Sachen lernt. Sie behandeln mich gut hier, jeder hat mal so blöd angefangen, wusste nichts, kannte nichts, machte Fehler; geduldig erklären sie einem die paar Handgriffe, bis man die beherrscht, ist die Arbeit halbwegs interessant, danach wird es stumpf, gut zum Nachdenken, sagt einer, er kommt aus Polen und hat dort Ärger mit seiner Freundin, deshalb sei der Job im Moment genau richtig für ihn, sagt er.

Jemand kommt herein und schreit, wir sollen leiser sein mit den Flaschen, wenigstens bis 8:00 Uhr, der Nachbar würde sich sonst beschweren. Er geht wieder raus, wir gucken uns an, haben zusammen Ärger gekriegt, sind also jetzt ein Team, lachen, heben die Augenbrauen, wiegen die Köpfe, machen weiter, ein bisschen leiser, kleben ein neues Bestellfax an die Kühlraumtür und arbeiten es ab. Das Entkorken geht mir inzwischen gut von der Hand, zack, zack, nächster Karton, ich renne zum Kühlraum, neue Kartons holen, als ungelernte Hilfskraft will ich wenigstens eifrig wirken, den Betrieb nicht übermäßig aufhalten, da fasst mein Kollege mich entschieden am Kittel: „Nicht rennen, bist du verrückt?“ Wir gehen in den gro-ßen Raum, in dem Meeresgetier in allen Formen, für Grill, Topf oder Pfanne vorbereitet wird: aufgespießt, aufgetaut, gehobelt, paniert, eingeölt und so weiter. Wir trinken einen Kaffee, es riecht nach geseiften Fliesen und Fischblut, mir ist übel, ich bin schon ziemlich erledigt vom Weinöffnen, es ist noch nicht mal acht.

Deutsches Theater: Die 46 unter dem Titel *Deutsches Theater* zusammengefassten Fotos und Texte, von denen ein Großteil bereits zuvor in verschiedenen Zeitungen veröffentlicht worden ist, will der Autor als „Stichproben“ deutschen Lebens und deutscher Befindlichkeit verstanden wissen. Sichtbar werden sollen „die Inszenierung des öffentlichen Lebens, das Rollenspiel auch im Privaten, die Kostümierung, die permanente Bühnensituation“. So erklärt sich der Titel *Deutsches Theater*.

Foto aus: Deutsches Theater

Als Nächstes zeigt mir der über die Liebe nachdenkende Pole, wie man Krebsfleisch in eine servierbare Form bringt: Je zwölf Plastikbeutel müssen aufgeschlitzt und in eine Kunststoffwanne mit Siebwänden geleert werden, dann wird eine Plastikplane, ein Müllbeutel wohl, darauf ausgebreitet, man stellt sich in die Wanne und stampft wie eine Weintreterin fröhlich auf dem mit Folie geschützten Gewürm herum, um das Transportwasser aus dem Fleisch zu treiben, dann geht es später am Grill schneller. Bei jedem Tritt quillt rötliche Flüssigkeit aus den durchlässigen Wannenwänden, die Wanne kippelt gehörig, man muss sich an der Shrimpspresse festhalten, sonst fliegt man ins Waschbecken. Zu zweit heben wir dann die Wanne mit dem ausgepressten Krebsfleisch hoch, schütten sie in einen anderen Trog, pulvern exakt 2,2 kg Würzmischung drauf und wühlen mit Gummihandschuhen darin herum, dass es sich untermischt, die dabei aufsteigenden Gewürzpulverwolken beißen in der Nase, ich muss Acht geben, nicht in die Kadaverwanne zu niesen, kann es unterdrücken und fülle dann, wie man es mir gezeigt hat, zweieinhalb Schaufeln des nun gewürzten Krebsfleisches in Plastiktüten, lege die in eine Vakuumpresse – und fertig. Später wird es jemand essen. Die nächsten zwölf Tüten.

[...]

Foto aus: Deutsches Theater

Am nächsten Tag werde ich im „Kundenbereich“ eingesetzt, im Lister Hafen, abends wird dort ein Fest stattfinden, weil Herr Gosch, unser Chef, zum „Wirt des Jahres“ gewählt worden ist. Von wem, kann mir keiner meiner Kollegen sagen. Ich kriege ein neues T-Shirt („Matjesfestival 1999“ steht drauf), eine saubere Schürze und eine Plastikwanne, mit der ich dann durch die Bankreihen gehe und leeres Geschirr hineinsammele. Die Essenden sind zumeist freundlich, sie nennen mich Junge, ich dienere, wenn sie ihre Teller einen Zentimeter hoch, mir entgegenheben, Danke, vielen Dank, ich mach das, lassen Sie nur. Die Wanne trage ich hinters Haus, zum Kücheneingang, wo es eng ist und heiß und laut. Die Speisereste werden in den so genannten Schweineeimer ausgeleert, ein Blick in das mayonnaisige Gewühl, in dem Fisch, Salat und Brötchen eins werden – und man ist satt für Stunden.

Das dreckige Geschirr wird abgeduscht und auf ein Schiebegestell geordnet, in die Spülmaschine geschoben, nach ein paar Minuten erlischt das Kontrolllämpchen, man öffnet die Maschine, eine Dampfwolke nimmt einem den Atem, das Geschirr ist so heiß, dass es mir erst die Finger verbrennt und dann von selbst trocknet, man stapelt es, dann wird es nach vorne gebracht und wieder mit Essen behäuft. Kurz danach gehe ich es wieder einsammeln, kratze die Reste in den Schweineeimer und so weiter. Es gibt circa 30 verschiedene Gläser, alle müssen in verschiedene Regale, vorne schreien sie schon nach neuen Gläsern, aber nach welchen – ich gehe lieber wieder Geschirr einsammeln und mich Junge nennen lassen, beziehungsweise Hey. So nennt mich jetzt ein weißbärtiger Mann, HEY!, schreit er und meint mich, mich und zwei Kollegen, wir eilen dorthin, er sieht aus wie der Mann auf den CD-Hüllen im Personalraum, das muss Jürgen Gosch sein. Wir sollen mehr Bänke und Tische aufstellen, befiehlt der kluge Geschäftsmann, wir nicken, rennen zum Lieferwagen, holen aus einem Lager mehr Bänke und Tische, rasen zurück zum Hafen, wo ein anderer Befehlshaber, nicht Herr Gosch, uns zeigt, in welcher Anordnung Tische und Bänke auf dem Hafenplatz zu verteilen sind, wir stellen sie genau so auf, da kommt der Wirt des Jahres wieder angelaufen, ruft NEIN!, NEIN!, NEIN!, SO!, SO!, SO!, also machen wir es so, so, so, aber das ist natürlich auch wieder komplett verkehrt, wie können wir nur so begriffsstutzig sein, gleichmütig verinnerlichen wir die neuerliche, lautstark formulierte Anordnung, machen uns wieder an die Arbeit, auch wieder falsch, Himmelherrgott!

Meine beiden Kollegen sprechen kaum Deutsch, Jürgen Gosch inzwischen auch nicht mehr, es kommen nur noch cholerische Geräusche aus ihm heraus, er herrscht mich an, weil ich die Bänke nicht exakt parallel zur Transportertür auf den Boden lege, bevor ich sie weiterschleppe, sondern beiseite, damit die Kollegen nicht stolpern, wenn Sie aus dem Auto steigen, mit weiteren Bänken in der Hand, Herr Gosch, Sie können sich drauf verlassen, sage ich, wir bringen Tische und Bänke genau dorthin, wo Sie sie haben wollen, selbstverständlich, aber hier haben wir jetzt unser System zum Ausladen entwickelt, so geht es am sichersten und schnellsten, bitte, das müssen Sie uns zutrauen, wir tragen die Sachen ja auch weiter –

WEISST DU WAS, KERL? DU PACKST JETZT DEINE SACHEN, JETZT, SOFORT, LASS DICH HIER NIE WIEDER BLICKEN!

Aber Herr Gosch, hören Sie, ich meine doch nur –

ES REICHT, ZIEH DIE SCHÜRZE AUS!

Ich lege die zwei Bierbänke, die ich noch in den Händen trug, auf den Boden und gucke in Herrn Goschs Gesicht, das inzwischen die Farbe eines heißgeräucherten Stremellachses angenommen hat: Er brüllt, spuckt, jagt mich quer über den Platz. EINE UNVERSCHÄMTHEIT, krakeelt der Wirt des Jahres, ZIEH MEINE SACHEN AUS.

Am Kücheneingang bleiben wir stehen, ich ziehe die firmeneigene Schürze und das T-Shirt aus, (LEG DAS ORDENTLICH HIN, DA, DU!), stehe halbnackt vor dem schreienden Wirt des Jahres, zwischen uns nur noch der Schweineeimer.

Ich laufe weg, laufe, so schnell ich kann, das Brüllen wird leiser, am Strand ziehe ich meine Schuhe aus, laufe barfuß im Sand weiter und entdecke im Sohlenprofil meiner Schuhe ein eingeklemmtes Stück Krebsfleisch. Salzig, viel zu salzig.

aus: Benjamin von Stuckrad-Barre: Deutsches Theater. Kiepenheuer & Witsch, Köln 2001, S. 82–91

Günter Wallraff: „Essen mit Spaß“ oder der letzte Fraß (1985)

Seit kurzem startet McDonald's eine Großoffensive gegen die Kritiker aus Verbraucherverbänden und Gewerkschaften: „Die Angriffe werden uns nicht daran hindern, auch in Zukunft zu expandieren und damit einer Vielzahl jetzt noch Arbeitsloser eine feste Anstellung mit allen Aufstiegsmöglichkeiten anzubieten.“

Eine Chance für Ausländer und Asylanten? Nichts wie hin, denke ich (Ali) mir. 207 McDonald's gibt es schon bei uns. In Kürze sollen es doppelt so viele sein. Ich (Ali) versuche mein Glück in Hamburg: Am Gänsemarkt, in einer der größten Filialen Deutschlands, und werde genommen. Jetzt darf mir (Ali) der Spaß nicht mehr ver-

Günter Wallraf (2003)

Günter Wallraff wurde 1942 als Sohn eines Arbeiters und einer Fabrikantentochter in Burscheid bei Köln geboren. Nach dem Besuch des Gymnasiums ergriff Wallraff den Beruf des Buchhändlers, nahm dann jedoch verschiedene Jobs in Großbetrieben an, wo er erste Erfahrungen für seine Reportagen aus der Arbeitswelt sammelte. Später setzte er diese Tätigkeit inkognito fort – mal getarnt als Journalist Hans Esser bei der BILD-Zeitung, mal als Türke Ali bei Thyssen und anderswo. Fast alle seine Veröffentlichungen zogen Gerichtsprozesse nach sich. Wallraff hat seine Arbeit stets mehr als Journalismus denn als Schriftstellerei verstanden, obwohl seine Texte beides verbinden. Als ein in Deutschland seltener Vertreter des literarischen Journalismus steht er in der Tradition etwa von Heinrich Heine oder Egon Erwin Kisch, mit dem er denn auch häufig verglichen wird.

Ganz unten: In den Jahren 1983 und 1984 nahm der Kölner Journalist und Schriftsteller Günter Wallraff als türkischer Gastarbeiter Ali verkleidet in verschiedenen deutschen Betrieben eine Stellung an, u.a. bei Thyssen und McDonald's. In dem 1985 erschienen Buch *Ganz unten* beschreibt er seine Erfahrungen, die er in diesen Betrieben gemacht hat. Von dem Buch, das 2002 die 15. Auflage erreicht hat, sind über drei Millionen Exemplare verkauft worden.

gehen, denn unser Leitsatz heißt: „Essen mit Spaß“. So steht es jedenfalls im Begrüßungsprospekt. Was das bedeutet?

„McDonald's ist ein Familienrestaurant, in dem man gut und preiswert speisen kann. In blitzsauberer Umgebung, wo man sich wohlfühlt und Spaß hat – das Erlebnis Mc Donald's ... Wir freuen uns sehr, dass Sie bei uns sind und wünschen Ihnen in unserem Team viel Spaß und Erfolg!“

In einem so fröhlichen Team ziehe ich es vor, mich als Sechsundzwanzigjähriger auszugeben. Mit meinem tatsächlichen Alter (43) hätte ich sonst wohl nichts zu lachen gehabt.

Wie der Hamburger bekomme auch ich (Ali) eine McDonald's-Verpackung verpasst: Papierhut, dünnes Hemdchen und eine Hose. Überall steht „McDonald's“ drauf. Es fehlt nur noch, dass sie uns vorher auch auf den Grill legen. Meine (Alis) Hose hat keine Taschen. Bekomme ich (Ali) mal Trinkgeld, gleitet die suchende Hand mit den Münzen erfolglos an der Hosennaht entlang, bis ich (Ali) die Groschen endlich dahin gebe, wo die Firma sie haben will: in die Kasse. Das schneiderische Meisterstück verhindert allerdings auch, dass du ein Taschentuch einstecken kannst. Und wenn die „Nase läuft“, dann läuft sie auf den Hamburger oder es zischt auf dem Grill.

Der Manager gibt sich gleich zufrieden mit mir und lobt mich (Ali), wie ich die Hamburgerscheiben am Grill wenden kann. „Das machen Sie aber gut. Das geht ja richtig schnell. Die meisten machen am Anfang riesige Fehler.“ – „Das kommt vielleicht daher, dass ich Sport treibe“, antworte ich (Ali) ihm. – „Welchen denn?“ –„Tischtennis.“ –

Der Hamburger, diese verschwitzte bräunliche Scheibe mit mindestens 98 Millimeter Durchmesser und 145 bzw. 125 Gramm Gewicht, springt wie ein Plastikjeton, wenn man ihn auf den Grill wirft. Im gefrorenen Zustand klingt er wie eine Münze, die auf Glas trifft. Gebraten bzw. gegrillt wird ihm eine sogenannte „Haltezeit“ von 10 Minuten zugebilligt, aber er ist meist lange vorher schon weg. Liegt er eine Zeitlang aufgetaut herum, fängt er an zu stinken. Also wird er vom gefrorenen gleich in den gegrillten Zustand gebracht und mit den bekannten Beigaben und Zutaten in die beiden Hälften der schaumstoffweichen Weizenflade eingedeckelt und in der Styroporkiste zugesargt.

„Es ist so viel Grazie in der sanft geschwungenen Silhouette eines Hamburger-Brötchens. Es erfordert schon einen ganz besonderen Geisteszustand, um das zu erkennen“, meint der Firmengründer Ray Kroc ernsthaft.

Der Arbeitsplatz hinter der Theke ist eng, der Boden schmierig und glatt, die Grillplatte glühend heiß bei 180 Grad Celsius. Es gibt keinerlei Sicherheitsvorkehrungen. Eigentlich müsste man Handschuhe bei der Arbeit tragen, das schreiben jedenfalls die Sicherheitsbestimmungen vor. Aber es gibt keine, und sie würden die Arbeit nur verlangsamen. So haben viele, die dort länger arbeiten oder gearbeitet haben, Brandwunden oder Narben von Brandwunden. Ein Kollege musste kurz vor meiner Zeit ins Krankenhaus, weil er in der Hektik direkt auf den Grill gefasst hatte. Ich (Ali) hole mir gleich in der ersten Arbeitsnacht Blasen wegen der aufspritzenden Fetttropfen.

[...]

Es ist Vorweihnachtszeit. Der Andrang ist enorm, in Stoßzeiten werden Rekordumsätze erzielt. Ich (Ali) bekomme 7,55 DM brutto Stundenlohn für eine Tätigkeit, die sich mit jeder Fließbandarbeit vergleichen lässt. Außerdem wird mir (Ali) pro Arbeitsstunde noch eine Mark Essensgeld angerechnet. Nach acht Stunden lässt mich der Manager wissen, dass ich mir (Ali) jetzt aus dem McDonald's-Sortiment ruhig etwas aussuchen dürfe. Als ich (Ali) nach dem Besteck frage, wird es richtig lustig. Besteck bei McDonald's, ein Wahnsinnswitz. Alle lachen und lachen.

Mein (Alis) Arbeitsplatz ist nach vorne hin offen. So wie ich (Ali) die Kunden sehe, sehen sie auch mich. Ich (Ali) habe keine Möglichkeit, mich kurz zurückzuziehen und vielleicht in der Hitze einen Schluck zu trinken. Dabei machen das Braten und Garnieren und vor allem der viele Senf sehr durstig.

Eine Gurke beim Hamburger, zwei Gurken beim Big Mac, dann eine Käsescheibe und die verschiedenen Spritzen mit den Soßen, Fischspritzen, Chickenspritzen, Big Mac-Soße. Man ist ständig überfordert, weil es dauernd irgendwo klingelt, man muss noch eine Apfeltasche auflegen oder einen Fisch Mac. Und mit dem Finger voll Fisch geht's gleich wieder zum nächsten Hamburger. [...]

aus: Günter Wallraff: Ganz unten. Mit einer Dokumentation der Folgen. Kiepenheuer & Witsch, Köln 2002, S. 28–36

McDonald's zieht Berufung zurück

Wallraff-Kritik erlaubt

MÜNCHEN (dpa). Der Schriftsteller Günter Wallraff darf auch weiterhin behaupten, dass sich in den Küchen der Fast-food-Kette McDonald's zuweilen „Rotze“ auf dem Grill befand. Das amerikanische Unternehmen zog jetzt seine Berufung gegen das erstinstanzliche Urteil des Landgerichts München I zurück, in dem die Klage von McDonald's auf Erlass einer einstweiligen Verfügung gegen die Passage in Wallraffs Buch „Ganz unten“ zurückgewiesen worden war. Dies bestätigte das Landgericht am Donnerstag in München. Von McDonald's war keine Stellungnahme zu erhalten.

Rechtsstreit beendet

Damit endete der seit Februar andauernde Rechtsstreit zwischen dem Kölner Autor und der Restaurant-Kette. In „Ganz unten“ hatte Wallraff in der Rolle als Türke „Ali“ außerdem behauptet, dass bei McDonald's „mit ein- und demselben Lappen“ Tische, Tabletts, Aschenbecher und Toilettenbrillen geputzt worden seien, „und zwar in beliebiger Reihenfolge“. Auch diese Äußerung, die der Konzern ebenfalls verbieten lassen wollte, kann weiterhin unverändert erscheinen.

Zeugen zitiert

In den vergangenen Wochen haben sich nach Angaben des Aktionsjournalisten zahlreiche Mitarbeiter von McDonald's bei ihm gemeldet, die seine Beobachtungen bezüglich mangelnder Hygiene durch eigene Erlebnisse bestätigten. Günter Wallraff am Donnerstag: „Bei manchen Verunreinigungen, die mir da eidesstattlich versichert worden sind, wurde mir schon beim Zuhören übel. Die Schilderungen über unappetitliche Vorkommnisse gingen nämlich weit über das hinaus, was ich selbst bei McDonald's erlebt habe.“

Augsburger Allgemeine 6. 6. 1986

aus: Günter Wallraff: Ganz unten, a. a. O., S. 321

1 Schildern Sie den Eindruck, den die beiden Texte von Wallraff und Stuckrad-Barre bei Ihnen hinterlassen haben.

2 Worin sehen Sie Gemeinsamkeiten, worin Unterschiede zwischen beiden Texten?

3 Stuckrad-Barre fügt seinem Text zwei selbst gemachte Fotos bei. In welcher Beziehung stehen sie zu dem Text und in welcher stehen sie zueinander?

4 Welchen literarischen Gattungen würden Sie die Texte zuordnen? Vergleichen Sie dazu die Darstellungsweise beider Texte und die Intention, die sich daraus ableiten lässt.

Aus einem Interview der Frankfurter Rundschau mit Benjamin von Stuckrad-Barre (2000)

FR: In Ihrem neuen Buch „Deutsches Theater“ geht es um ...

Stuckrad-Barre: ... deutsche Standardsituationen, die Inszenierung des Alltags. Vom Ritual der Verlesung der Arbeitslosenzahlen über die Bundesgartenschau bis hin zum Pizzabringdienst. Die These des Buches: Die Welt wird zur Bühne, und das wiederum muss auf die Bühne gebracht werden.

[...]

FR: Hat es keine Beschwerden gegeben, weil der Porträtierte sich in einem Licht dargestellt sieht, das ihm nicht gefällt?

Stuckrad-Barre: Ich versuche genau zu beschreiben, das ist alles. Ich gebe zu, manchmal kann man sich nicht raushalten. Dann verlangt der Text, dass man sich einmischt.

FR: Beim Sylter Fisch-Gastronomen Gösch haben Sie als Aushilfe gearbeitet, sind aber rausgeflogen?

Stuckrad-Barre: Das ist wahr. Aber auch hier gilt, wie für das ganze Buch: Ich schreibe nur über das, was ich auch selbst erlebt habe. Dabei geht es aber nicht um mich selbst. Die Inszenierung und der Text darüber stehen im Vordergrund. Von außen das Land anzusehen und auf Fehler hinzuweisen, das wäre borniert. Auch der Autor ist mit inbegriffen in die Inszenierung. Da gab es kein Entkommen.

aus: „Bezaubernder Bruchteil einer Generation“. Interview mit Benjamin von Stuckrad-Barre. In: Frankfurter Rundschau vom 19. 02. 2002

Aus einem Interview des *stern* mit Benjamin von Stuckrad-Barre (2000)

stern: Ist Literatur für Sie bloß ein Vehikel zur mondänen Selbstdarstellung?

Stuckrad-Barre: Nein, zur Gesellschaftskritik. Man läuft durch sein Leben, und alles um einen herum ist falsch – man selbst auch. Schreiben ist Notwehr. Dazu kommt dann der Größenwahn, dass die Welt meine Texte braucht. Persönliche Erfahrungen sind für jeden Schriftsteller eine Abraumhalde, aber es reicht nicht, bloß das eigene Leben darzulegen. Mir moralische Indifferenz vorzuwerfen ist eitles Geschwätz, denn ein Autor ist keine ethische Empfehlungsanstalt. Bei Haltung denke ich zuerst an Orthopädie. Kein ernstzunehmender Schriftsteller hat eine Haltung – er hat gefälligst auf zirka 700 Haltungen zuzugreifen.

aus: „Alles ist falsch – man selbst auch“. Interview mit Benjamin von Stuckrad-Barre. In: stern 36/2000

1 Diskutieren Sie anhand des Zeitungsartikels Wirkung und Folgen, die Wallraffs Buch hervorgerufen hat. Können Sie sich eine ähnliche Reaktion auch auf den Text von Stuckrad-Barre vorstellen? Wie reagiert dieser Autor auf eine Frage, die in diese Richtung zielt, in dem Interview der Frankfurter Rundschau?

2 Welche Einstellungen vertritt Benjamin von Stuckrad Barre in dem Interviewausschnitt aus dem *stern* und welches Selbstverständnis lässt er erkennen? Stimmen Sie ihm zu oder verstehen Sie ihn und seine Texte anders?

2.3 Langeweile

Florian Illies: Generation Golf (2000)

Die achtziger Jahre waren mit Sicherheit das langweiligste Jahrzehnt des 20. Jahrhunderts. Kein Wunder, dass das Spielen mit dem Jo-Jo in den Pausen so beliebt war. Und dass das Computerspielzeitalter mit einem Spiel anfing, für das man fast schon stoische Qualitäten brauchte: Zwei weiße Stäbe spielten sich unter elektronischem Wimmern ein weißes Klötzchen hin und her, das ganze hieß Tennis, man konnte es am Fernseher spielen, und wenn man nicht gerade Schwierigkeitsstufe 10 eingestellt hatte, konnte man dabei einschlafen. Aber so war eben jene Zeit. Es ging allen gut, man hatte kaum noch Angst, und wenn man den Fernseher anmachte, sah man immer Helmut Kohl. Nicole sang von ein bisschen Frieden, Boris Becker spielte ein bisschen Tennis, Kaffee hieß plötzlich Cappuccino, das war's auch schon. Die achtziger Jahre waren wie eine gigantische Endlosschleife. Raider heißt jetzt Twix, sonst änderte sich nix. Wenn man Musik hörte, gab es statt neuer Singles nur Maxisingles der bekannten Lieder. Und wenn man ins Kino ging, gab es statt neuer Filme nur neue Versionen: *Rambo I, Die unendliche Geschichte II, Zurück in die Zukunft III, Rückkehr der Jedi-Ritter IV* und so weiter. Noch ahnte man nicht, dass man einer Generation angehörte, für die sich leider das ganze Leben, selbst an einem Montag, anfühlte wie die träge Bewegungslosigkeit eines gut gepolsterten Sonntagnachmittags.

aus: Florian Illies: Generation Golf, a. a. O., S. 15 f.

1 Mit welchen Vergleichen charakterisiert Illies die achtziger Jahre, also die Jugendzeit der Generation Golf?
2 Wie veranschaulicht er die Langeweile jener Jahre? Was sind Ihrer Meinung nach die Ursachen für dieses Empfinden?
3 Informieren Sie sich über die innen- und weltpolitischen Ereignisse jener Jahre.
4 Vergleichen Sie Illies Beschreibung der achtziger Jahre mit dem Jahrzehnt Ihrer Jugendzeit.

ENNUI (1999)

Ennui: Langeweile

ALEXANDER V. SCHÖNBURG Die Langeweile ist der Hauptfeind unserer Generation, weil wir damit aufgewachsen sind, verwöhnt und von Reizen überflutet. Wir sehnen uns nach der Unterbrechung der Langeweile. Wer an Hunger leidet und nicht im Adlon sitzt, langweilt sich nicht. Wir sind nichts als Produkte einer postmateriellen Generation, die nur noch mit der Langeweile zu kämpfen haben. Genau wie die Haltung zum Geld, das immer da sein muss, ob man es nun hat oder nicht. Unser Grundluxus ist so hoch, dass wir auch durch Schulden nicht weit fallen können. Die strahlenden Beispiele oben sind genau wie wir. Donald Trump oder Kashoggi waren auch nie reich, aber so hoch verschuldet, dass die Banken sie nicht mehr fallen lassen konnten. Es ist vollkommen Wurscht, ob du eine Milliarde plus oder minus hast. Wer es sich leisten kann, sein Konto um fünfzigtausend Mark zu überziehen, ist sehr reich. Wer sich die Schulden leisten kann, ist reich. Deshalb gibt es für uns auch keine Spur eines Existenzkampfes mehr. Wir kennen auch den Statuskampf der vorherigen Generationen nicht mehr. Daher haben wir Zeit für Langeweile. Es ist genau das Gefühl, das Marc Aurel hatte, als ihm zum Zeitpunkt römischer Hochkultur – gleichzeitig Beginn ihres Niedergangs – nichts mehr blieb, als versonnene Betrachtungen zu schreiben. Er schaute über die Hügel von Rom hinweg und sinnierte. Es war einfach alles zu perfekt. Wir schauen über die Quadriga und das hässliche Berlin dort unten hinweg und befinden uns ebenfalls am Fin de siècle einer perfekten Kultur, die offensichtlich in ihrer höchsten Endform äußerst langweilig ist. [...] Ich sitze oft alleine vor dem Fernseher und schreie ihn an: „Make me laugh! Make me cry, you cunt!", weil die Sehnsucht danach, die Langeweile zu brechen, unterhalten zu werden, so verdammt schwer zu befriedigen ist.

aus: Tristesse Royale, a. a. O. S. 33

1 Worin sieht Alexander von Schönburg die Ursache für die Langeweile, die seine Generation empfindet?
2 Wie äußert sich die Langeweile?

livealbum: Gegenstand des Romans *livealbum* sind die einzelnen, mit „Show" bezeichneten Stationen der Lesereise, auf der sich der Ich-Erzähler mit seinem vorherigen Roman befindet. Zwischen der achten und neunten Station, seinem Auftritt bei der Frankfurter Buchmesse (s. S. 14 f.), hat er einen veranstaltungsfreien Tag, einen „day off".

Benjamin von Stuckrad-Barre: Day Off (1999)

Die Sonne war schon lange bei der Arbeit, und ich hatte keinen Grund aufzustehen, liegen bleiben machte aber auch keinen Spaß. Mir ging es schlecht, zum Frühstück würde es hier Malzkaffee, Leberwurst, Graubrot und nichtknackende Kelloggsplagiate an H-Milch geben, das sah man am Tapetenmuster, und ich hatte nicht mal ein Ziel zum Fliehen, denn dieser Tag war off, so nannte meine Agentin das, keine Lesung am Abend, als Mitarbeiter der Unterhaltungsindustrie musste ich also feststellen: Dieser Tag war praktisch nicht existent, oder schlimmer noch, er war da, aber vollkommen leer, so wie ich selbst mir alsbald vorkam. [...]

Also Pause, Zwischenstopp, Stimme schonen, ausruhen – man konnte es sich auch schönreden. Die vergangenen Tage waren so detailliert vorausgeplant gewesen, wenn ich nicht weiterwusste, hatte meistens das schlaue Buch weitergewusst, nun aber musste ich, durfte ich selbst planen. Vielleicht nach Hause fahren? Das lohnte nicht recht. In ein Hotel gehen, dort dicke Samtvorhänge vor die Welt ziehen und schlafen?

In der Fachwerk-Pension wollte ich auf gar keinen Fall bleiben, auch hatte ich nicht das Gefühl, ein weiterer Abend mit Mareike, Steffi und der Lösungsmittelflasche könne in einer späteren Verfilmung meines Lebens einmal die Sequenz hergeben, die sich als Trailer eignet, um ein Riesenpublikum anzufixen.

Vielleicht ja doch.

Ziemlich sicher nicht.

Ich nahm die Regionalbahn in den nächsten zu Recht Stadt genannten Ort. Weil es dort regnete, fuhr ich eine halbe Stunde später weiter, diesmal mit einem InterRegio. Ich näherte mich der Stadt, in der es am nächsten Tag weiterging, und zwar so richtig: mit der Buchmesse. Eine Stadt vorher stieg ich aus, eine Tournee eignete sich prächtig, hinter alle möglichen Binichbloßmal- durchgefahren-Städte endlich das Warichschonwarnichtsodoll-Häkche zu machen.

Das Geld reichte erst mal. Später im Jahr würde ich es benötigen, aber das zählte ja jetzt nicht. Ein gutes Hotel – wäre zu bezahlen. Ein billiges – vielleicht nicht auszuhalten, da verging die Zeit nicht schnell und nicht schön genug. Wie ging denn das nochmal, einen Tag rumbringen? Fixpunkte: die Mahlzeiten. Gegebenenfalls der Finger im Hals danach.

Ein Hotel nehmen. Eine halbe Stunde fernsehen und dann doch raus, denn fernsehen kann man überall. Ja, eben! Aber doch nicht hier. Hm. Also in die Stadt. Dinge kaufen. Auch eine Möglichkeit. Plötzlich eine Touristenexistenz; ziellos gehen heißt plötzlich schlendern. Eis essen, Gedenktafeln lesen, über den Erwerb einer Einwegkamera nachdenken. Oder doch Postkarten? Auf Parkbänken sitzen. Die Veranstaltungsseite der Stadtzeitung prüfen.

Konzerte, Theater
Ausstellungen
Kino
Partys
Märkte, Auktionen
Sonstiges

Man könnte so viel – ja, könnte man? Interessant. Und wie geht das?

Alles d e h n e n. Beim Bäcker mitmachen beim gemeinsamen Kommentar der Schlagzeilen. Schönen Tag noch wünschen. In Straßencafes sitzen, wenn das denn geht; dem Wetter ernsthaft Bedeutung beimessen. Und tatsächlich in einer Stadtzeitung nachschauen, was heute so unter SONSTIGES geboten wird. Verräterischer Sprachgebrauch: Manche Menschen sprechen bezüglich derartiger öffentlicher Beschäftigungsprogramme nicht von Wahr-, sondern von Mitnehmen, die nehmen wir noch mit, die Aufführung, den Markt, den Film. Und nach einer Trinknacht sehen sie mitgenommen aus.

Eine Uhr braucht man überhaupt nicht auf einer Tournee. [...]

An einem off-Tag aber braucht man eine Uhr ganz dringend, um zu wissen, wann er geschafft ist, und man endlich wieder on sein darf.

Ich habe keine Uhr. Was für ein Satz. In einer Reihe mit „Gibt es das auch ohne Fleisch?", „Ist da Zucker drin", „Whisky nie mit Eis", „Nacktbilder nur, wenn sie ästhetisch gemacht sind", „Kevin spielt nur mit Holzspielzeug" und „I'd rather go naked than wear für". Oder auch: „Tür nicht öffnen, bevor der Zug hält". Ich habe keine Uhr. Soll heißen: Fragen Sie mich nicht, wie spät es ist, es ist ordinär, sich nach der Zeit zu richten, es muss andersherum sein.

Ich wusste nichts anzufangen mit all der Zeit, der Tag hatte keine Struktur. Niemand würde mich abholen, keiner würde drängeln. Und klatschen erst recht keiner. Wenn es doch nur endlich dunkel würde! Theoretisch konnte ich um 16 Uhr zum zweiten Mal frühstücken oder zwei Stunden vorher schon Mittag essen, danach, davor, statt dessen einen Mittagsschlaf anberaumen. Oder abends früh ins Bett. Vielleicht auch gar nicht ins Bett. Mit niemandem reden, mit jedem reden, mit mir selbst reden, ich konnte lesen, schreiben, kaufen, verzichten, saufen, baden, mich rasieren oder unrasiert aus dem Fenster gucken, wie der Tag beginnt und endet, und am Ende alles bleibt, wie es war.

Ich langweilte mich zu Tode, und das mache ich am liebsten in Cafés. Ich bestellte Kuchen, lief, von Einsicht getrieben, hinter dem Kellner her und stornierte die Bestellung, nur Kaffee bitte, Entschuldigung. Er ordnete kopfschüttelnd seine öligen Locken und murmelte etwas in einer nicht-EU-Sprache. Nächster Programmpunkt, touristisches Amüsement für Anfänger, nachmittags allein ins Kino, da ist der Fall dann auch klar: Die Kartenverkäuferin guckt mitleidig, gibt Rabatt, man ist allein, höchstens zu dritt. Oft sparen sie sich sogar die Werbung, und nicht mal der Eisverkäufer kommt rein. Ich hatte an der Kasse einige Süßwaren gekauft, aß gleichzeitig aus drei verschiedenen Tüten Weingummi und freute mich auf das anschließende Snickers. Dann warf ich das ganze Zeug schnell in die Reihe vor mir, denn am nächsten Tag sollte ich fotografiert werden.

Am Abend fiel mir erst nach einer halben Stunde Badezimmer und Kleiderordnung auf, dass ja kein Auftritt, sondern ein freier Abend bevorstand. Ich ging in ein Restaurant und las beim Essen. Da, ein Bild von mir. Weiterblättern. Zurückblättern: Wie sieht das denn wieder aus. Und der Text, meine Güte, der Text. Höchstwahrscheinlich hatte der Autor nicht so lange darüber nachgedacht wie ich jetzt über die Möglichkeit, einen Nachtisch zu bestellen. Knapp überstimmt, abgelehnt, das war knapp, aber dann wenigstens noch was trinken.

Es war noch früh, und die Bar gerade erst geöffnet worden. In der Ecke stand ein DJ-Pult, aber noch liefen lediglich CDs durch. Das Discokugelensemble an der Decke sprenkelte Lichtbrocken über Wände und Gesichter. Später würde hier was los sein, das spürte man, gerade auch weil das Personal so übermäßig gelassen war, das war keine Was-gibt's-Fremder-Lässigkeit, das war einfaches Kräftesparen. Ich setzte mich an den Tresen und guckte der Bedienung beim Gläserspülen zu. Hinter mir hing ein Promillemesser. Ja, war ich denn in einer Landdiscothek gelandet oder in einer ernstzunehmenden Bar? Mit einem Strohhalm sollte man dort hineinpusten. Daneben sehr groß die Telefonnummer eines Taxiunternehmens. Ich wartete. Vielleicht würde sich was ergeben. Noch ein Getränk. Langsam wurde ich ruhiger. Man könnte auch sagen: müde. Wahrscheinlich würde sich ohnehin nichts ergeben. Gestern um diese Zeit. Und morgen um diese Zeit. Aber was bitte schön heute um diese Zeit? WAS JETZT?

aus: Benjamin von Stuckrad-Barre: livealbum, a. a. O. S. 156–161

1 Wie erklären Sie sich, dass der Ich-Erzähler den freien Tag nicht als Erholung empfindet oder als Zeit zur Muße, sondern als langweilig? – Was unterscheidet Muße von Langeweile?

2 Mit welchen Ausdrücken beschreibt er das Gefühl der Langeweile?

Suchen Sie noch andere literarische Texte, deren Thema die Langeweile ist, z.B. *Dantons Tod*, *Leonce und Lena* und *Lenz* von Georg Büchner. Vergleichen Sie die Langeweile, die die Figuren dort empfinden, mit der des Ich-Erzählers bei Stuckrad-Barre.

3 „Sprachraum“ und „Stimmenschotter“ – Lyrik

3.1 „der Zeiger ins Digitale“

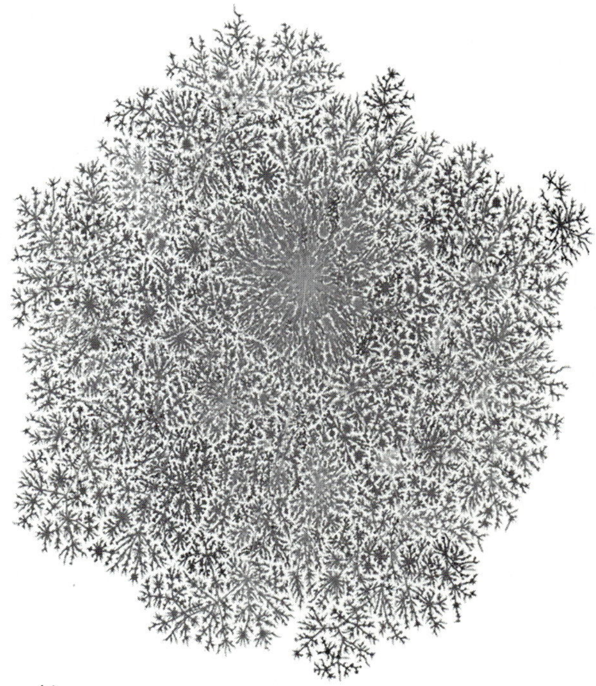

Internetgeographie

1. Welche Assoziationen verbinden Sie mit dem Titel der Grafik?
2. Wie könnte die Grafik hergestellt worden sein?
3. Diskutieren Sie, warum die Grafik keinen Verfassernamen hat und ob im Internet traditionelle Funktionen des Autors als „Urheber“ verschwinden.

Erstellen Sie eine Computergrafik / Computerzeichnung, die zu der Überschrift dieses Kapitels („der Zeiger ins Digitale“) passen könnte.

Barbara Köhler

Barbara Köhler wurde 1959 in Penig in Sachsen geboren. Von 1985 bis 1988 studierte sie am Institut für Literatur „Johannes R. Becher“ in Leipzig. Ihr erstes Buch, *Deutsches Roulette. Gedichte und Prosa* von 1991, handelt von Ein-

Barbara Köhler: In the Movies (1995)

„Film ist vierundzwanzigmal
Wahrheit pro Sekunde“
Jean-Luc Godard

Vierundzwanzigmal pro Sekunde
laufe ich mir davon kommt etwas
auf mich zu sagt: Ich

laufe davon bin fest
gehalten in den Bildern
die laufen ein Massaker
jede Bewegung eine Wendung
im Schlaf in vierundzwanzig
Stück pro Sekunde Stunden
der Tag zerteilt eine gepreßte
Stimme die Tonspur sagt: Ich

hab mich verlaufen sehe vor
lauter Bildern den Film nicht
den Stillstand sehe mich vor
vierundzwanzig Feststellungen
pro Sekunde bewegt die Hand
in den Mund gestopft: Leben

tut weh Madame beißen Sie zu.

samkeit und Verlust, aber auch vom Leiden an den realsozialistischen Verhältnissen. Köhler erhielt den Förderpreis der Jürgen-Ponto-Stiftung und arbeitete an verschiedenen Literaturzeitschriften, Anthologien und Kunstbänden mit. Sie lebt heute in Duisburg.

aus: Barbara Köhler: Blue Box. Gedichte. Suhrkamp, Frankfurt/M. 1995, S. 10f.

1 Lesen Sie den Text und schreiben Sie ihn so um, dass jeweils ein Vers eine Sinneinheit umfasst („Vierundzwanzigmal pro Sekunde laufe ich mir davon/kommt etwas auf mich zu / sagt: / Ich laufe davon …")
2 Tragen Sie Ihre Fassung vor und stellen Sie eine Vortragsfassung dagegen, die sich an Köhlers Fassung orientiert und eine Pause jeweils nur am Vers- und Strophenende macht.
Welche Effekte erzielen beide Fassungen bei einem Hörpublikum, und welche Fassung würden Sie persönlich bevorzugen?
3 Wie steht das Motto, ein Ausspruch des Filmemachers Godard, im Verhältnis zum Gedichtinhalt?
4 Schreiben Sie Ihr „Movie"-Gedicht zum Godard-Motto.

Albert Ostermaier: roadmovie (1997)

immer geht es weiter voran wohin
kein ende der strasse eine weite
die dir das hemd aufgeknöpft kein
baum kein strauch eine tankstelle
vorbei der horizont schiebt sich
müde voran die sonne pausiert
hinter den wolken & die nacht
füllt die reserven wenn die fahrer
wechseln das bier immer dünner
wird & der schnee dir an den
schuhen schmilzt du dir ein herz
fasst & den atem hältst plötzlich
das haar des mädchens vor dir in
den händen um eine haaresbreite
hättest du die augen geschlossen &
die liebe erfunden eine strasse &
endlosigkeit die man nur zu
zweit ertragen kann ein glück
das keine zeit hat sich zu zeigen
doch du die zeit es zu verlieren
wenn der film & das popcorn
aus sind & ein mann seinen
weg allein geht mit sand in den
augen doch mit schnee
in den schuhen zum
ende

aus: Albert Ostermaier: fremdkörper hautnah. Suhrkamp, Frankfurt/M. 1997, S. 15

1 Schreiben Sie den Text von Z. 13 an aus der Perspektive eines weiblichen Ichs um.
2 Vergleichen Sie Ihr umgeschriebenes Gedicht mit dem Ostermaiers und diskutieren Sie, welche Rolle die männliche Perspektive in roadmovie spielt.
3 Fertigen Sie Gedichtfassungen an mit Interpunktionen und mit Verseinheiten, die gleichzeitig Sinneinheiten sind. Vergleichen Sie Ihre Ergebnisse mit der ursprünglichen Gedichtform.
4 Notieren Sie stichwortartig, was Ihnen zu Kino alles einfällt. Prüfen Sie, ob Sie in den Gedichten Köhlers und Ostermaiers einige Stichwörter wiederfinden.

Barbara Köhler (1995)

IN DER TOTEN ZEIT in der tot-
geschlagenen in der vertriebenen
in der Zeit die das Leben kostet
die vergangen ist nicht erspart
bleibt geplante Freizeit begrenzt
eine Weile die nicht langt gilt
als Fortschritt aus dem Kreislauf
der Zeiger ins Digitale sind die
Stunden gezählt läuft der Laden
der Countdown in Echtzeit.

aus: Barbara Köhler, Blue Box. S. 44

1 Würden Sie den Text als Gedicht bezeichnen?
2 Schreiben Sie den Text so in Versform um, dass das, was vom Sinn her zusammengehört, jeweils in einer Zeile steht. Wo weichen Ihre Ergebnisse voneinander ab?
3 Klären Sie den Fachbegriff „Echtzeit“ und seine Bedeutung in Köhlers Text. Setzen Sie anschließend „Echtzeit“, „tote Zeit“ und „Freizeit“ in Beziehung zueinander und erläutern Sie das Thema des Textes.
4 Schreiben Sie den Text weiter, indem Sie andere „Zeit“-Komposita hinzufügen (z. B. Weltzeit, Eiszeit …).
5 Setzen Sie ein Gedicht Ihrer Wahl mit einem Textverarbeitungsprogramm in eine Köhlers Text adäquate Form um. Welche Effekte bewirkt diese Formgebung?

Robert Gernhardt: Inventur 96 oder Ich zeig Eich mein Reich

Dies ist mein Schreibtisch,
dies ist mein Drehstuhl,
hier mein Computer,
darunter der Drucker.

Telefonanlage:
Mein Hörer, mein Sprecher.
After the beep
you can leave a message.

Sie können die Nachricht
natürlich auch faxen.
Ich ruf Sie so bald wie
möglich zurück.

Günter Eich: Inventur (1945)

Dies ist meine Mütze,
dies ist mein Mantel,
hier mein Rasierzeug
im Beutel aus Leinen.

Konservenbüchse:
Mein Teller, mein Becher,
ich hab in das Weißblech
den Namen geritzt.

Geritzt hier mit diesem
kostbaren Nagel,
den vor begehrlichen
Augen ich berge.

Im Hängeschrank sind
die Korrespondenzen
und einiges, was ich
niemand verrate,

sonst kostet dies Wissen
noch mal meinen Kopf.
Der Kelim hier liegt
zwischen mir und den Dielen.

Das Kopiergerät dort
ist mir am liebsten.
Tags kopiert es die Texte,
die nachts ich getippt.

Dies ist mein Notizbuch,
dies sind meine Tagebücher,
dies ist meine Bibliothek,
dies ist mein Reich.

aus: Robert Gernhardt: Lichte Gedichte. Haffmans, Zürich 1997, S. 102 f.

Im Brotbeutel sind
ein Paar wollene Socken
und einiges, was ich
niemand verrate,

so dient es als Kissen
nachts meinem Kopf.
Die Pappe hier liegt
zwischen mir und der Erde.

Die Bleistiftmine
lieb ich am meisten:
Tags schreibt sie mir Verse,
die nachts ich erdacht.

Dies ist mein Notizbuch,
dies meine Zeltbahn,
dies ist mein Handtuch,
dies ist mein Zwirn.

aus: Günter Eich: Gesammelte Werke. Bd. 1: Die Gedichte. Hrsg. von Susanne Müller-Hanpft u. a., Suhrkamp, Frankfurt/M. 1973, S. 35

1 Welche Stichwörter und Assoziationen verbinden Sie mit dem Begriff „Inventur"?
2 Vergleichen Sie Gernhardts *Inventur 96* mit dem Gedicht *Inventur* von Günter Eich. Stellen Sie inhaltliche und formale Übereinstimmungen zusammen.
3 Welche Rolle spielen die 5. und die 7. Strophe bei Gernhardt?
4 Diskutieren Sie, ob das Gedicht eine Parodie auf Eichs Gedicht und/oder eine Satire auf die häusliche Coumputerwelt heute ist.
5 Schreiben Sie ein „Inventur 20…"-Gedicht, das mit den Versen beginnt: Dies ist mein Handy, / dies ist meine Fernbedienung …".

Hans Magnus Enzensberger: Altes Medium (1995)

Was Sie vor Augen haben,
meine Damen und Herren,
dieses Gewimmel,
das sind Buchstaben.
Entschuldigen Sie.
Entschuldigen Sie.
Schwer zu entziffern,
ich weiß, ich weiß.
Eine Zumutung,
Sie hätten es lieber audiovisuell,
digital und in Farbe.

Aber wem es wirklich ernst ist,
mit *virtual reality,*
sagen wir mal:
Füllest wieder Busch und Tal,
oder: Einsamer nie
als im August, oder auch:
Die Nacht schwingt ihre Fahn,
der kommt mit wenig aus.
Sechsundzwanzig
Dieser schwarz-weißen Tänzer,
ganz ohne Graphik-Display
und CD-ROM,
als Hardware ein Bleistiftstummel –
das ist alles.

Entschuldigen Sie.
Entschuldigen Sie bitte.
Ich wollte Ihnen nicht zu nahe treten.
Aber Sie wissen ja, wie das ist:
Manche verlernen es nie.

16 „Füllest wieder Busch und Tal": aus J. W. Goethe: An den Mond

17 „Einsamer nie als im August": Titel eines Gedichts von Gottfried Benn

19 „Die Nacht schwingt ihre Fahn": aus A. Gryphius: Nacht

aus: Hans Magnus Enzensberger: Kiosk. Neue Gedichte. Suhrkamp, Frankfurt/M. 1995, S. 96 f.

1 Welche Rolle und welche inhaltliche Position nimmt das lyrische Ich ein?

2 An wen könnte sich der Sprecher wenden?

3 Welche Bedeutung haben die Gedichtzitate in der zweiten Strophe?

4 Diskutieren Sie die Position, die das Gedicht zu modernen Medien einnimmt.

5 Vergleichen Sie das Gedicht mit Gernhardts *Inventur 96.*

6 Welche Gedichte des Kapitels „der Zeiger ins Digitale“ gefällt Ihnen am besten, welches am wenigsten? Schreiben Sie eine kurze Empfehlung bzw. Kritik.

7 Experimentieren Sie mit den Gedichten, indem Sie deren äußere Form verändern (z. B. können Sie ein Gedicht mittig oder rechtsbündig setzen oder unterschiedliche Schrifttypen verwenden). Diskutieren Sie die erzielten Effekte.

3.2 „wenn ein staat ins gras beißt“

Projektvorschlag: Das Ende der DDR in den Jahren 1989 und 1990: Eine Ausstellung mit Fotos, Wandzeitungen und literarischen Texten

Bert Papenfuß-Gorek (1994)

[...]
wenn ein staat ins gras beißt, singen die dichter
wenn er zu langsam stirbt, zündeln sie die lichter:
ein einziger blick in die struktur jeder gesetzgebung
entdeckt uns die erstarrung jeglicher kodizes:
eine verletzung der öffentlichen treu und glaubens.
beleidigung des ganzen menschenbilds, beleidigung
der einzelnen glieder desselben, meyneid, betrug
und diebstahl, sind unzertrennlich in ihr vereint:
heucheley im kleid einer tugend geht gemeiniglich
vor ihr her: niederträchtigkeit leitet sie fort:
und elend, raserey, todtschlag und verzweiflung
folgen ihr nur allzuoft nach: die glocke kreischt
über alles, unter anderem: when in rome, don't do
sondern erheitere den ernst zu nennenden zustand
[...]

5 kodizes – hier: staatliche Gesetze und Vorschriften

10 ey: verfremdete Rechtschreibung (hier: Schreibweise des 18. Jahrhunderts)

aus: Bert Papenfuß-Gorek: Mors ex nihilo. Berlin 1994, unpag. (V. 395-408)

1 Fassen Sie Ihre ersten Eindrücke des Gedichts in eigenen Worten zusammen. Gehen Sie dabei auch auf Ihnen unverständliche Gedichtstellen ein und nennen Sie ein Thema, das Sie als Überschrift über den Text setzen könnten.

2 Erläutern Sie aufgrund Ihres Hintergrundwissens die ersten Zeilen des Gedichts.

3 Vers 3 spricht von der „struktur *jeder* gesetzgebung“: Wie verstehen Sie diesen Vers im Kontext des gesamten Gedichts? Geht der Text auf Distanz zu staatlichen Strukturen aller Art (also auch derjenigen nach 1990?) Begründen Sie Ihre Position am Text.

4 Erstellen Sie eine Sprech-/Vortragsfassung des Gedichts, beispielsweise im Rap-Rhythmus.

Informieren Sie sich über die Musik oppositioneller Gruppen Ende der 80er Jahre in der DDR (Papenfuß-Gorek trat oft mit ihnen auf).

Durs Grünbein: Novembertage (1999)

I. 1989

An diesem Abend brach ein Stottern die Gesetze,
Ein Lesefehler hob die heiligen Verbote auf.
So nüchtern wie die Meldung in die Welt ging
Vor Mikrophon und Kamera, war jener Spuk vorbei,
Den sie verordnet hatten. Erstmals sah man
Die kommunistischen Auguren zögernd lächeln
Wie Spieler, die verlieren, und jetzt wissen sie,
Was sie, gewiegt in Sicherheit, vergessen hatten.
Mit einer letzten Drohung, einer Atempause,
Erklärten Greise meine Geiselnahme für beendet.
In dieser Nacht, als man die Schleusen aufzog,
Ergoß ein Menschenstrom sich in den hellen Teil
Der Stadt, die eine Festung war seit dreißig Jahren,
Geschleift von einem falschen Wort im Protokoll.
Bevor die Eisentore widerriefen, hob die Menge
Den Bann auf, der hier alle Muskeln lähmte.
Mit offnem Mund am Straßenrand ein Offizier
Stand wie verrenkt, weil kein Befehl mehr lenkte,
Das Machtwort ausblieb wie seit Jahren nie.
Als gegen Morgen auf den Boulevards im Westen,
Nach Feuerwerk und Kreisverkehr und Tränen,
Das Freibier ausging, war das Glück vollkommen.
Bei einer Kreuzung stand verlassen, abgebrannt
Bis zu den Rädern, ein Trabant, und die Besitzer
Hatten den Autoschlüssel an den Baum gehängt.
Von ihren Kindern angetrieben, ganze Clans
Zogen durchs Zentrum, orientierungslos und still.
Die ersten schliefen schon, sie lagen eingerollt
Vorm Kaufhaus selig unter den Vitrinen,
Auf teurem Pflaster träumend freien Grund.

Durs Grünbein (1998)

Durs Grünbein, 1962 in Dresden geboren, lebt seit 1985 in Berlin. Ein Studium der Theaterwissenschaft brach er ab und veröffentlichte seit 1988 Gedichtbände. Sein zweiter Band *Schädelbasislektion* (1991) behandelt den Mauerfall in Gedichten, Reflexionen und Momentaufnahmen und wurde von der Kritik gefeiert. 1994 wurde Grünbein für den Band *Falten und Fallen* mit dem Peter-Huchel-Preis ausgezeichnet. 1995 wurde er als jüngstes Mitglied in die Deutsche Akademie für Sprache und Dichtung aufgenommen. Im selben Jahr erhielt er den Georg-Büchner-Preis.

aus: Durs Grünbein: Nach den Satiren. Suhrkamp, Frankfurt/M. 1999, S. 64 f.

1 Informieren Sie sich anhand von Büchern, Fernsehberichten oder Zeitzeugen über die Ereignisse am 9. November 1989 und erstellen Sie einen erklärenden Kommtar zu einzelnen Textstellen.

2 Welche Hinweise auf die Atmosphäre am Abend der Maueröffnung finden Sie in dem Gedicht?

3 Entwickeln Sie Sprechfassungen des Gedichts (mit einem oder mit mehreren Sprechern).

Uwe Kolbe: Der eherne Kreis (1990)

Ich habe mein Land verloren.
Kein schöner Land auf der Welt,
selbstverständlich.
Noch steht mir der einzige Berg darin,
noch steht er mir vor den Augen.
Am Sonntag gingen wir immer hin.
Sein Name war Fingerhut.
Ich habe meine Finger noch
und schenke mir den Rest.

aus: Uwe Kolbe: Vaterlandkanal. Ein Fahrtenbuch. Suhrkamp, Frankfurt/M. 1990, S. 11

1 Fassen Sie mit eigenen Worten zusammen, welche Erinnerungen und Reflexionen das lyrische ich mit seinem „Land" verbindet.

2 Beschaffen Sie sich das Volkslied „Kein schöner Land ..." und prüfen Sie, ob sich etwas von der Stimmung des Liedes bei Kolbe wiederfinden lässt oder ob es sich um ein parodistisches Zitat handelt.

3 Diskutieren Sie, ob das Gedicht sich auf den politischen Kontext der Vorwende-/ Wendezeit bezieht oder nicht.

Kurt Drawert: Ortswechsel

Meine Freunde im Osten
verstehe ich
nicht mehr, im Landstrich
zwischen Hamme und Weser

kenne ich keinen.
Gelegentlich grüßt mich
der taubstumme Bauer
von gegenüber, oder ein Beamter

kommt auftragsgemäß
und überreicht,
was zu befürchten war,
mit lockerer Hand.

Nirgendwo bin ich angekommen.
Nirgendwo war ich zuhaus.

Das stelle ich fest
ohne Trauer. Was also

hole ich her,
wenn ich bleibe,
was sollte bleiben,
wo es jetzt ist.

Der Geruch nach nassem,
faulendem Holz
morscher Dielen
ist im Gedächtnis,

die Gespräche des Nachts
waren wertlos und sind schon
in alle Winde
verkauft. Voyeure

des besseren Wissens
sind wir gewesen, mit der
gesicherten Stille
des dauernden Winters

im Rücken, mit schönen Sätzen,
die irgendwo im Büro
eines kläglichen Amtes
zerbrachen.

Daran
schweigen sich lautstark
meine Freunde von gestern
heute vorbei,

denn schon wieder gilt es,
das falsche Wort
im rechten Moment
zu verpassen, den Startschuß,

das nächste Ziel abwärts.
Jetzt also spreche ich Klartext:
Ihr habt mich getäuscht. Ich
bin ein anderer gewesen

im Zentrum der beschädigten Jahre.
Doch wenn ich, für die Sekunde,
meinen Namen vergesse,
dann verstehe ich wohl

diesen Grabgang
der Sprache und möchte bedauern
und die Verwesung
allen Gewissens

milde betrachten,
so wie sich das Herbstlicht
am Abend sanft senkt
zwischen den Weiden

und die Dinge im Nebel
davongehn wie müde,
geschundene Tiere. Doch
ich verstehe es nicht.

Doch mein Körper
ist ruhig geworden,
und es grüßt mich
der gemiedene Bauer.

aus: Kurt Drawert: Wo es war. Gedichte. Suhrkamp, Frankfurt/M. 1996, S. 83–85

1. Tauschen Sie, bevor Sie das Gedicht näher bearbeiten, Ihre Assoziationen zum Begriff „Ortswechsel" aus. Berücksichtigen Sie dabei auch Ängste und Hoffnungen, die Menschen mit Ortwechseln verbinden.
2. Wie stellt Drawert den „Ortswechsel" von Ost nach West dar, und was erfährt der Leser über die frühere und jetztige Situation des lyrischen Ichs?
3. Welche Funktion haben die Beobachtungen des Ichs zur Landschaft, also die Naturmotive des Gedichts?
4. Drawert verwendet Pronomina wie „ich", „wir", „ihr" und „meine (Freunde)". Erläutern Sie dieses Beziehungs- und Kommunikationsgeflecht näher.
5. Drawert, der aus der DDR in den Westen übersiedelte, schrieb dieses Gedicht nach dem Ende der DDR. Diskutieren Sie, ob das biographische Ich daher mit dem lyrischen Ich gleichzusetzen ist und ob die biographische Interpretation eines Gedichts
   a) die in diesem Fall einzig mögliche
   b) eine Möglichkeit unter vielen
   c) eine nicht statthafte Verengung darstellt.
6. Vergleichen Sie die Perspektiven, aus denen die Zeit des Mauerfalls und des Endes der DDR in den Gedichten dieses Kapitels dargestellt wird. Wo gibt es Gemeinsamkeiten, wo zeigen sich Unterschiede?
7. Zwei Schriftsteller aus der DDR beurteilen Mauerfall und Ende des DDR-Staats. Schreiben Sie auf der Basis der Gedichte einen fiktiven Dialog.

3.3. „Jetzt sehe ich dich"

Lioba Happel: Einfaches Lied (1998)

Jetzt ist es Nacht geworden
Jetzt sehe ich dich

Du hältst die Augen geschlossen
Am Grund eines Brunnens

Du hältst die Augen geschlossen
Als seist du in mich gefallen

Ich habe wohl schwer geträumt
Dass ich nichts als ein Traum sei

Wenn du die Augen öffnest
Wird es mit dir vorbei sein

Jetzt ist es Nacht geworden
Jetzt sehe ich dich

aus: Zwischen den Zeilen 11, März 1998, S. 66

1. Was verstehen Sie unter „Einfaches Lied"? Löst das Gedicht nach dem ersten Lesen Ihre Erwartungen ein?
2. Beschreiben Sie möglichst detailliert den Aufbau des Gedichts und seiner Strophen.
3. *Einfaches Lied:* Ein Liebesgedicht? Erläutern Sie Ihre Ansicht und beziehen Sie dabei den Ich-Du-Dialog des Gedichts ein.
4. Schreiben Sie eine Art „Antwortgedicht" aus der Perspektive des angesprochenen Du.

Albert Ostermaier: schneewittchen (1995)

„Tell me
how does it feel to be
on your own"
Bob Dylan

keine angst ich geh von allein &
such mir die passende kühlbox wo
ich überwintern kann für deine
liebe die zu spät kommt mit einem
rosendorn im kalten herz wart ich auf
dich wenn alles von mir abgefallen ist
& ich schon dahinschmelz auf einer
parkbank eines schönen morgens
dass du mich nimmst wie ein schneller
brüter & ich mir das hirn nicht
länger spalten muss ob ich nur
der müllsack bin den du durch dein
leben schleifst bis du ihn
abfahren lässt

aus: Albert Ostermaier: Herz Vers Sagen. Gedichte. Suhrkamp, Frankfurt/M. 1995, S. 31

1 Experimentieren Sie mit der Vortragsweise des Gedichts, indem Sie es z. B. traurig, trotzig, melancholisch, erregt, aggressiv vortragen.
2 Prüfen Sie, ob Ihre Vortragsweise sich am Text belegen lässt.
3 Rekonstruieren Sie die Situation und Gefühlslage des lyrischen Ichs. Was erfährt der Leser, was bleibt im Dunkeln?
4 Beziehen Sie den Titel und das Motto auf den Gedichttext.
5 Schreiben Sie ein Gegengedicht (ein Gedicht aus entgegengesetzter Perspektive), z. B. mit dem Titel „froschkönig" oder „hänsel".

Kathrin Schmidt: eine andere sein (2000)

ein gefallender engel: was für ein
heftiger wunsch ist das niemals gewesen
was für ein posten im fremdwörterhaus
blieb dafür übrig was für ein blick
aus den falten des großen vorhangs

aus: Kathrin Schmidt: Go-in der Belladonnen. Gedichte. Kiepenheuer & Witsch, Köln 2000, S. 66

1 Bereiten Sie das Gedicht als Sprechfassung vor. Berücksichtigen Sie das Sprechtempo, die Lautstärke und den Vortragsduktus (aggressiv, zurückhaltend, sachlich ...).
2 Inwiefern ist das Gedicht aus weiblicher Perspektive geschrieben? Begründen Sie Ihre Auffassung am Text.
3 Würden Sie den Text der Gattung „Liebesgedicht" zuordnen? Vergleichen Sie es mit den Texten von Happel und Ostermaier.
4 Schreiben Sie ein Gegengedicht mit dem Titel „ein anderer sein".
5 Welche Auffassung vom Verhältnis der Geschlechter und welches Verständnis von Liebe vermitteln die Gedichte von Ostermaier, Schmidt und Happel?
6 In der Literaturwissenschaft ist darüber diskutiert worden, ob es „männliches" bzw. „weibliches Schreiben" gibt. Was könnte mit diesen Bezeichnungen gemeint sein? Diskutieren Sie das Pro und Kontra solcher Bezeichnungen an den Gedichten von Ostermaier und Schmidt.
7 Suchen Sie in Gedichtanthologien oder anderen Büchern nach Liebesgedichten aus anderen Epochen. Vergleichen Sie diese mit den drei Gedichten.

3.4 „November hat uns, Herbst“

Rudolf Lichtsteiner: Reisen außerhalb, Nr. 3 (1982/1996)

1 Welche Assoziationen löst bei Ihnen das Bild aus, und welche Bedeutung spielen dabei die drei Verben?

2 Verfassen Sie ein kurzes Gedicht zur Abbildung. Sie können dabei von den drei Verben ausgehen.

Dorothea Grünzweig (2000)

FROHSINN FÄLLT novemberschwer
wir haben leere Hände
unterm Bett nur den Koffer und
nichts um uns was uns Haushalt gibt
auf Abreisen wartend
auf Wohnrecht
lagern wir zwischen schnarrenden Dingen
in Souterrainzimmern von
irgendjemandes Freundesfreund

Es ist der Monat der Jahrestage
Menschen Tiere starben
uns lieb es starb
ein Schutzrecht für alle und
jene Träume für
gelobte Länder

Für alles gibt es eine Zeit
ach wär es zum Lichttrost der
herfliegt nicht mehr
so finsterweit

Durchreisende wir mit dürftiger Habe
unsre Gedächtnisspeicher aber
die ächzenden Plätze da oben
voll Wind sind bis zum letzten
Winkel behängt dort
ist die Wäsche von Vorvorjahren

von greifbar Nahem
Fetzen auch von den Leben der
Väter verfleckt
bedruckt mit den Volksinitialen
die sich nur wenig verwuschen

Die Wäsche ist nicht abgenommen
da eingeklemmt in unsere Koffer
wir sie vergäßen und wir so
hinaufsteigen müssen um
vor weiter Aussicht immer wieder
zu prüfen was
das Unsrige ist

Für alles gibt es eine Zeit
jetzt treibt´s uns hinauf auf
unsre Böden durch die der Wind
fegt auf Böden die ihre flatternde
Fülle zeigen
totenhemdweiss
sich offenbaren
schweigen

aus: Dorothea Grünzweig: Vom Eisgebreit. Wallstein Verlag, Göttingen 2000, S. 9

Dorothea Grünzweig: Lichtungen, Eislöcher, andere Bleiben (2000)

Denke ich an Gedichte, fällt mir das als erstes ein: Sie schreiben, sprechen, ist eine Angst verjagende Maßnahme. Die frei flottierende Angst wird in Ketten gelegt oder – fürsorglich gedacht – zeitweilig einquartiert in Wortbleiben. Dasselbe könnte man für die Trauer sagen, den Schmerz oder die balanceraubende Begeisterung.

Denke ich an Gedichte, erscheint auch ein Eisloch im Wintersee. Tauchen ins Eisloch. Mit dem verzagten oder überhitzten Gemüt hinunter ins Wasser. Ihm wird das übergeben, was Festigkeit verhindert. Es bleibt dort, während man selbst nach oben steigt, gestrafft und leicht.

aus: Zwischen den Zeilen 15, April 2000, S. 56

1 Was verbinden Sie mit der Metapher „novemberschwer“? Bilden Sie vergleichbare Bilder mit anderen Monaten (dezembertrüb ...).

2 Prüfen Sie, ob es im Gedicht noch weitere Anspielungen auf Herbst und November gibt.

3 Entwerfen Sie Sprechfassungen des Gedichts, indem Sie unterschiedliche Vortragsmöglichkeiten ausprobieren (langsam und nachdenklich, resignativ und leise, nüchtern und sachlich ...). Wie lassen sich diese Möglichkeiten mit dem Text vereinbaren?

3 Fassen Sie Grünzweigs Auffassung vom Gedicht mit eigenen Worten zusammen und nehmen Sie auf der Basis Ihrer Lesererfahrungen dazu Stellung.

Hansjörg Schertenleib (1992)

NOVEMBER hat uns,
Herbst. Bald sind die
Betten eingeschneit.
Wer rührt uns an,
stehn Bäume still
im Eis, dein Haus aus
Stein, es fliegt. Es
fliegt voran den Schatten,
einsam still im Sternensaal.

aus: Zwischen den Zeilen 1, September 1992, S. 58

Interview Urs Engeler – Hansjörg Schertenleib

UE: Was stößt denn ein Gedicht wie zum Beispiel „November“ an, was motiviert dich, dieses Gedicht zu schreiben?

HS: Das ist wahrscheinlich die schwierigste Frage, die es überhaupt gibt. Wenn du mich ganz konkret fragst, weshalb ein bestimmtes Gedicht entstanden ist, dann komm ich sehr schnell ins Schleudern, ins Stammeln. Dazu muss ich vielleicht sagen, wie bei mir die Gedichte-Schreib-Arbeit aussieht. Bei mir hat Schreiben sehr viel mit Graben in unbewussten Schichten zu tun, auch in der Prosa. Ich dringe da in Bereiche vor, die ich sonst eigentlich gar nicht kenne. Schreibenderweise montiere ich mir eine Untertaglampe an meinen Helm, grabe Tunnels und schaffe ein System in einer Unterwelt in

Hansjörg Schertenleib

Hansjörg Schertenleib wurde 1957 in Zürich geboren. Auf eine Ausbildung zum Schriftsetzer und Gestalter folgten mehrere Aufenthalte im Ausland. Seit 1981 arbeitet Schertenleib als freier Autor und Mitarbeiter verschiedener Zeitungen und Zeitschriften, unter anderem als Film- und Rockkritiker. Seit 1996 lebt er in Irland und schreibt dort Romane.

mir drin, in die ich sonst gar nie vorstoßen würde. In meinen Gedichten ist das verschärft der Fall. Da bewege ich mich in Gebieten, terra incognita, wo ich wirklich nicht weiß, wo bin ich jetzt? Ich muss auch zugeben, dass ich aufgehört habe, mich zu fragen, wieso hast du dieses Gebiet überhaupt betreten? Es liegt mir fern, nachdem ich diese Reisen gemacht habe, mich zu fragen, wieso ich die Reise überhaupt angetreten habe. Im Gegenteil, ich bin oft genug froh, da mit heiler Haut wieder rausgekommen zu sein.

UE: Wie bist du da überhaupt reingeraten? Das meinte ich mit meiner Frage nach der Motivation.

HS: Da gibt es verschiedene Möglichkeiten. Es kann ein Wort sein, ein einzelnes Wort, etwa das Wort November. Es gibt ja Worte, die irgendwas in einem auslösen, sei's im Kopf, sei's im Bauch, irgendwas beginnt da Bilder freizusetzen. Bilder, nicht Gefühle! Diese Bilder lasse ich in einem ersten Arbeitsgang einfach auftauchen, und dann versuche ich, ihnen auch Sprache zu geben. Dann habe ich am Schluss dieses wirklich nur ersten Arbeitsganges ein Blatt, das voll ist mit dem, was ich Sprachbilder nenne. Aber dann beginnt für mich erst der eigentliche Prozess, der das Gedichteschreiben ausmacht, das Überarbeiten und Bearbeiten dieser Bilder. Aber auch das kann ganz unterschiedlich geschehen. Es ist für mich unheimlich schwierig, darüber zu sprechen.

UE: In „November" steht der Vers „einsam still im Sternensaal", was ein abgewandeltes Zitat von Trakl ist, wie du mir erzählt hast. Ist das nun ein Anstoßzitat oder ein Abschlusszitat? Wie kommt das da rein?

HS: Das ist ein Abschlusszitat. Mein Text hat wochenlang auf meinem Pult gelegen mit einem Komma am Ende der damaligen Schlusszeile „fliegt voran den Schatten". Ich konnte da keinen Punkt setzen, irgendetwas fehlte. Dann fand ich in einem Buch die Zeile „einsam wandeln still im Sternensaal" von Georg Trakl und wusste, das muss da rein, das ist genau das, was ich eben nicht finden konnte, dieses Bild hat sich mir nicht schlüssig in Sprache übersetzt. [...]

UE: Wie verstehst du denn Gedichte?

HS: Weiß Gott nicht vor allem oder nur über den Verstand, sondern mit möglichst allen Sinnen, die man zur Verfügung hat. Ich könnte, behaupte ich, von den Gedichten, die ich mag, benennen, was für eine Farbe sie haben, wonach sie riechen, ob sie laut oder leise sind. Und das ist ja auch das Tolle am Lyriklesen: Man wird lesenderweise blitzartig verwandelt in ein hellwaches Individuum, das seine Nerven frei liegen hat und reagieren kann auf die leiseste Berührung, auf das leiseste Wort, und dieses Wort wird vielleicht nicht mal gesagt! Jedes Gedicht spricht immer wieder anders zu einem. Durch die Lektüre eines Gedichts wird der Kinoprojektor, der im Hirn oder im Bauch eines jeden und einer jeden steht, angeworfen, und auf der inneren Leinwand läuft ein Film ab.

UE: Das Gedicht ist für dich also ein Imaginationsraum, ein Vorführraum auch für den je eigenen inneren Film.

HS: Natürlich, genau. Deshalb wehre ich mich auch gegen Interpretationen meiner Gedichte meinerseits. Ich will ja, dass die Leserin und der Leser meine Gedichte als Interpretationsfeld benutzen und sich wirklich umtun auf einem Feld, das durch meine Worte und meine Zeilen nur lose abgesteckt wird. Das halte ich auch für das Großartige an der Literatur. Dass man die Möglichkeit hat, sich umzutun und die eigene Imaginationskraft einzusetzen. [...]

aus: Logbuch einer Wanderung nach Irgendwo. Ein Gespräch mit Hansjörg Schertenleib. In: Zwischen den Zeilen 1, September 1992, S. 64–70

1 Experimentieren Sie mit Schertenleibs Gedicht, indem Sie die Reihenfolge der Sätze vertauschen. Inwiefern ergeben sich Bedeutungsveränderungen gegenüber dem Original?
2 Erläutern Sie, inwiefern sich November- und Wintereindrücke im Gedicht auffinden lassen.
3 Das Gedicht kombiniert Verben der Bewegung (fliegen) und der Ruhe (stillstehen). An welchen anderen Stellen des Textes lässt sich diese Kombination noch nachweisen, und welche Bedeutung hat sie für das gesamte Gedicht?
4 Wie versteht der Autor den letzten Vers? Welche Rolle spielt für ihn die Trakl-Anspielung?

Der Schlussvers bei Schertenleib spielt auf Trakls Gedicht „Allerseelen" (1910) an. Die letzten zwei Strophen dieses Gedichtes lauten:

Das Seufzen Liebender haucht in Gezweigen
Und dort verwest die Mutter mit dem Kind.
Unwirklich scheinet der Lebendigen Reigen
Und wunderlich zerstreut im Abendwind.

Ihr Leben ist so wirr, voll trüber Plagen.
Erbarm' dich Gott der Frauen Höll' und Qual,
Und dieser hoffnungslosen Todesklagen.
Einsame wandeln still im Sternensaal.

aus: Georg Trakl: Die Gedichte. Salzburg 8., durchges. Aufl. 1965, S. 50

1 Stellen Sie Beziehungen zu Schertenleibs Gedicht her, und diskutieren Sie die Rolle, die der Autor dem Zitat zuweist.
2 Müssen wir zum angemessenen Verständnis des Gedichts die Trakl-Anspielung kennen?

Astrid Schleinitz: Raben (1995)

Später dann löscht der Nebel
die Spuren den Weg die
hellere Hälfte der Welt
keine Zeit für Abschied
ist doch alles schon Wiederkehr
bodenlos aufgehobenes Blau
darin eingesenkt ein runder
ein tönender Mond
Raben Aschenflügel in die
Pappeln geweht

aus: Zwischen den Zeilen 5, Februar 1995, S. 102

1 Lesen Sie das Gedicht sinnzusammenhängend vor. Welche Rückwirkung auf Ihren Vortrag hat der Verzicht der Autorin auf Interpunktion?
2 Welche Bedeutung haben die Verse „keine Zeit für Abschied/ ist doch alles schon Wiederkehr" im Gedichtzusammenhang?
3 Welche Bildvorstellungen lösen die Verse „bodenlos aufgehobenes Blau/darin eingesenkt ein runder/ein tönender Mond" bei Ihnen aus?
4 Schreiben Sie eine Art „Vorstrophe" zum Gedicht.

Astrid Schleinitz: Über Gedichte (1995)

Gedichte sind gleichzeitig persönlich und allgemein. Das ist ihre Struktur. Sie sind einer Genauigkeit verpflichtet, die weder ausschließlich in der Sprache noch ausschließlich in einer Situation, einem Thema liegt. Sie zielt auf etwas, das auf besondere Weise außerhalb der persönlichen Erfahrung und Geschichte liegt und trotzdem nur durch sie sichtbar wird. Ohne eine Verankerung im Leben können sie nicht entstehen.

[...]

Der Aufmerksamkeit öffnet sich das Gedicht und mit ihm ein Stück der Welt und ein Stück des je eigenen Lebens. Das Instrument der Öffnung ist die Sprache. Gedichte bewegen sich am Rand der Sprache, zeigen das Problem und das Wunder des Verstehens, weisen immer wieder darauf hin. In diesem Sinne hören sie nicht auf, Provokation zu sein. Sie verweigern sich der Umrisslinie, dem Design, ziehen bekannte und in vertrauten Kontexten gebundene Worte ins Ungewisse, geben ihnen einen neuen Raum, in dem sie schweben müssen, weil dort die Schwerkraft des Altbekannten aufgehoben ist. Wozu das ganze? Um im Metaphernwald etwas zu befreien, ohne das all das Glänzende und Sichere einfach hoffnungslos tot ist? Um den Dingen ihre Würde zurückzugeben, und sei es auch nur innerhalb der Sprache? Gedichte sind etwas Hinzugewonnenes, Zusätzliches; sie haken an der Stelle ein, wo sie zuallererst entstanden sind, sie zeichnen einen Riss nach, den sie nicht füllen können, nicht füllen wollen, sie sind ein Zeichen dafür, dass etwas nicht läuft, denn es stolpert, und machmal fliegt es. Gedichte haben keine Antworten, sie führen eine Sichtweise vor, zeigen auf sich selbst, verbürgen sich für das Geheimnis, das vor aller Augen liegt. So anschaulich, dass die auf Klarheit zurückgehende Härte wie Eis sirrt.

aus: Astrid Schleinitz: Über Gedichte. In: Zwischen den Zeilen 5, Februar 1995, S. 107 f.

1 Fassen Sie die Auffassung der Autorin abschnittweise in knapper Form zusammen.
2 Welche Kernthesen vertritt die Autorin?
3 Diskutieren Sie am Beispiel des Gedichts *Raben* den Satz: „Gedichte sind gleichzeitig persönlich und allgemein".
4 Welche Auffassung vom Gedicht verbindet sich mit dem Satz „Gedichte bewegen sich am Rand der Sprache"? Nehmen Sie zum Inhalt des Satzes Stellung und beziehen Sie dabei die Gedichte dieses Arbeitsheftes ein.

3.5 „Im Sprachraum“

Thomas Kling: niedliche achterbahn (1991)

gehörn der heizkörper; sechzehn-
endiges geheiz: die angeschnallte
wohnun', bis zum anschlag aufge-
dreht, vollends niedergehaltn: jaa-ree-
lang; die wohnun' angeschnallt,
befestigte nicht zu hebende sessel, bilder
di sich aus den rahmen lehnen, kurz ver-
puffn, schon wieder zurückgezurrt; di
teppichbödn, malträtiertn bödn (zuge-
schüttet), di klebrign schränke (von um-
zügn di schmisse, hellere katschen): mein
klebriges denkn darin, verwohntes denkm;
niedergehaltener schlaf; auf der matraze
ränder und ausgeuferte bilder HOCHWASSER/
HEREINSCHWAPPENDES MÄRZWASSER/FLOSS ONE
UFER auf dem matrazenfloß mein schlaf ma
trazenschlaf auf eingeübtn schmerzplakatn;
informationen, bildränder werdn nachz
vorbeigestakt, di obn festgeschnalltn bü
cher di artign artikel; heizkörper, röhren:
niedliche achterbahn

1 Welche Assoziationen haben Sie zu dem Titel des Gedichtes?

2 Lektüre und äußerliche Betrachtung des Gedichts vermitteln ein ungewöhnliches Bild. Tragen Sie in Gruppen möglichst detailliert alle Auffälligkeiten zusammen, die Sie beobachten.

3 Welcher orthographischer Eigenarten bedient sich der Autor, und welche Bezüge zur gesprochenen Sprache lassen sich aufzeigen?

4 Lesen Sie den Text, indem Sie seine Orthographie als Anweisungen einer Sprechpartitur verstehen.

5 Schreiben Sie einen kleinen Text in der Orthographie Klings und tragen Sie ihn vor. Welche Effekte lassen sich erzielen?

6 Ordnen Sie Verse/Textstellen zusammengehörenden Anspielungsfeldern zu:
a) Anspielungsfeld „heizkörper“
b) Anspielungsfeld „wohnung“
c) Anspielungsfeld „HOCHWASSER“
d) Textstellen mit „mein“

7 Werten Sie Ihr Ergebnis aus und erläutern Sie, auf welche Erlebnisse/Erfahrungen/Reflexionen Ihrer Meinung nach angespielt werden könnte.

8 Erläutern Sie die Metaphern „gehörn der heizkörper“ und „matrazenfloß“. Suchen Sie weitere Metaphern und erklären Sie diese im Zusammenhang des Gedichts.

Thomas Kling (1997)

Thomas Kling, 1957 in Bingen geboren, wuchs in Düsseldorf auf. In Düsseldorf, Köln und Wien studierte er Philologie. 1986 erschien sein erster Gedichtband, *Erprobung herzstärkender Mittel.* Klings Gedichte sind Sprachmontagen, in denen er mit Wortdissonanzen, Zitaten, Interpunktion und Orthographie spielt. Kling lebt heute auf der ehemaligen Raketenstation Hombroich.

aus: Thomas Kling: brennstabm. gedichte. Suhrkamp, Frankfurt/M. 1991, S. 37

Barbara Köhler: Installation (pop-version) (1998)

[...]

Die Autorin z. B. stellt vor, dass das Medium des [...] Textes ein gewachsenes sein kann: Holz, der Ort die Außenseite einer Tür. Die Schriftform entspräche Druckbuchstaben, aber als Hohlform, graviert: Handarbeit ohne Handschrift, die einschneidende Verletzung einer Oberfläche (oder: die organische Struktur unter der Farbhaut wird freigelegt). Weniger tiefgehend ist die Verletzung bei den Texten für die Wände; Träger seien Glasplatten, in die Handschriften maschinell geätzt werden. Die Handschrift ist dabei Statthalterin einer Person, ohne deren Geschlecht zu bezeichnen (wie das eine Stimme mit größerer Wahrscheinlichkeit täte); sie könnte jedoch die Leserlichkeit beeinträchtigen.

ist es die tür die sich öffnet sich
schließt ist es die sprache bist du
es bin ich es ist es die stille die
eintritt bist du es bin ichs ist es
mein wort ist es deins was ich lese
ist es die schrift die uns entzweit
uns vereint uns verdoppelt sind wir
sagen und schreiben und was uns ent
spricht ist es die stimme die meine
die deine sind es betonungen wörter
gedreht und gewendet im mundraum im
sprachraum sind wir gefangene deine
ich meiner du sind wir einander ver
sprechen versagen unsere stimmen in
ein gestotter gestolpert ist es die
schwelle die übertreten werden will ?

(Tür & Angel)

aus: Barbara Köhler: Wittgensteins Nichte. Vermischte Schriften/mixed media. Suhrkamp, Frankfurt 1999, S. 142

1 Erstellen Sie eine Kassetten-Fassung von *Tür & Angel.* Sie können dabei mit unterschiedlichen Sprechern arbeiten (Einzel- oder Chorstimmen) und musikalische Untermalungen bzw. Geräuschkulissen einbeziehen.

2 Erläutern Sie, wie sich die Autorin den Text vorstellt. Welche Auffassungen von Schrift, Druck und Raum entwickelt sie?

3 Welche Bedeutung haben im Gedicht die Begriffe „sprache“, „schrift“, „stimme“, „mundraum“ und „sprachraum“, und wie hängen sie miteinander zusammen?

4 Diskutieren Sie den Satz „ist es die schrift die uns entzweit/uns vereint uns verdoppelt“?

Ernst Jandl: kaltes gedicht (1996)

die schinke und das wurst
in kühlschrank drin
der schöne deutsche wort
in kühlschrank drin
das schönsten deutschen wort
die wört der deutschen schön
das wurst die schinke plus
kühl vodka von die russ

aus: Ernst Jandl: peter und die kuh. Gedichte. Luchterhand, München 1996, S. 157

1 Erstellen Sie eine Lesefassung des Gedichts.
2 Stellen Sie zusammen, auf welche lautliche und grammatische Abweichungen („Fehler") das Gedicht aufgebaut ist, und welche Wirkungen damit erzielt werden.
3 Welche Wiederholungen lassen sich im Text nachweisen? Welche Bedeutung haben sie?
4 Ein anderes kurzes Gedicht Jandls heißt „die rache/der spache/ist das gedicht". Inwiefern lässt sich Jandls „kaltes gedicht" mit diesem Satz verknüpfen?
5 Schreiben Sie Ihr „warmes gedicht" („in ofen drin ...").

Ross Sinclair:
Real Life Tattoo (1994)

1 Der Künstler Ross Sinclair hat sich 1994 die Worte „Real Life" auf seine Rückenhaut tätowieren lassen. Welche Funktion haben Ihrer Meinung nach „Tattoos" und was halten Sie von dieser Art Körperkunst?
2 Welche Bedeutung haben Sprache und Schrift bei der „Real life"-Tätowierung?
3 Sinclair über „Real life": „Oft bin ich selbst ein Teil der live installations. Immer mit dem Rücken zum Publikum stellt die „Real life"-Tätowierung die Verbindung zwischen mir und den Zuschauern her. Alle sind betroffen, alle werden angesprochen. Die einzige Konstante in meinem Projekt ist das Publikum: der Funke, der meine Arbeit entzündet." Diskutieren Sie diese Selbstdeutung.

3.6 „Das Lied beginnt auf der Spitze meiner Feder"

Jürgen Theobaldy: Gedicht (1994)

Das Lied beginnt
auf der Spitze meiner Feder,
frühmorgens, unterm Dach,
geronnenes Traumblut im Becken,
mein Blick durch die Luke
zum Kirchturm hinauf,
ob die Schöpfung noch zögert
oder ihre kühle Woge Licht
gerade losgeschickt hat.

Wie vieles ist
schon einmal gedacht worden,
wie vieles ist mir gewiß,
und dorthin treibt es mich,
wo Wolkenflug ist, Schotter, Gewöll
und Halme stehen, zwischen den
Schwellen,
am Ende dieses Jahrtausends,
sein Wissen hätte
auf meinem Handteller Platz.

Mittags, in der Hitze, wässert
der Bauarbeiter den Zement.
Löst dann, mit der Stange,
die Steine der alten Rampe.
Die Schienen führen auf den Berg
und hinab ins Tal,
derselbe Weg, derselbe Preis.

aus: Zwischen den Zeilen 3, Januar 1994, S. 74

1 Rekonstruieren Sie die im Text dargestellte Schreibsituation des lyrischen Ichs.
2 Klären Sie Strophe für Strophe, welche Wahrnehmungen und welche Reflexionen angesprochen werden.
3 Welche Auffassungen zum Gedicht und zur Funktion von Gedichten lassen sich diesem „Gedicht" entnehmen?
4 Vergleichen Sie die Auffassung mit Positionen Grünbeins, Köhlers und Klings.

Durs Grünbein: Reflex und Exegese (1992)

[...]
Es hat lange gedauert, bis ich begriffen habe, was man mit Gedichten alles anstellen kann. Man kann in sie eingehen wie die chinesischen Maler in ihre Tuschebilder, wenn sie geräumig genug sind. Man kann sie als Klangkonserve oder *compact disc* gebrauchen, wenn eine oder gar mehrere Stimmen, fremde und eigene, sich darin wiederfinden. Man kann sie als Falle verwenden, als geheimen Aufenthaltsort für die neugierigen Geister, wie das vom Lichtstrahl getroffene Zelluloid, das die Körper an der Grenze vom Realen zum Imaginären bannt. Oder man kehrt zu ihnen zurück und umschleicht sie als Schauplatz, auf dem die Begierden, Logiken und Ge-danken ihr flüchtiges Stellungsspiel treiben, in jedem Hirn anders und in jeder persönlichen Lage neu. Das Seltsame ist, dass sie jedem

zugänglich sind, der ein paar aneinandergereihte Buchstaben und Silben verstehen kann, vorausgesetzt, sein inneres Ohr lässt ihn nicht im Stich. Bloßes Lesen genügt nicht, hat nie genügt. Entweder spricht der Körper, über die weißen Seiten gebeugt, mit, oder das Gedicht geht spurlos an ihm vorbei direkt ins Leere ... ohne Spannungsaufbau kein Magnetfeld. Das Gedicht, per Definition eine Kette semantischer Effekte und physiologischer Kurzschlüsse, hätte sein Ziel verfehlt, wäre es nur ein weiterer Text auf einem weiteren Blatt Papier. Wie die Stimme im Telefonhörer, den jemand ans Ohr presst, als könnte er in die Welt des anderen hineinhorchen, dringt es real in den Körper ein und explodiert im Unbewussten mit seinen Klängen und Codes, im Idealfall gleich einem intensiven Traum. Noch bevor du begreifst, was geschieht, hat es sich als Engramm, als Erinnerungsspur festgesetzt, und du bist fortan gezeichnet, stigmatisiert durch ein paar merkwürdig aufgeladene Worte. Im Bruchteil einer Sekunde (länger dauert es nicht) hat ein neuronales Gewitter, ein Synapsenblitz die ganze Gehirnlandschaft verändert.

Von nun an wird dieses besondere Licht, eine bestimmte Perspektive, der ganz spezielle synästhetische Fluss immer wiederkehren, sobald die zugehörigen Namen fallen. Ein Fünfzehnjähriger, der durch Empfehlung oder aus einem abnormen Appetitanfall Novalis' *Hymnen an die Nacht* zur Hand nimmt und sich darin festliest, ist hinterher ein anderer, ohne dass er es gleich bemerkt. [...]

Was mir als erstes beim Schreiben auffiel, war die Rolle der Missverständnisse in der Dichtung. Dass jeder in einer Eigenwelt umherspazierte, eingehüllt in seinen eigenen absurden Kokon aus Worten, und dass es so viele Eigenwelten wie Menschen gab, versetzte der psychischen Illusion von Realität einen schweren Schlag. Mit einem Mal war die Aura eines jeden Einzelnen das gewöhnliche Unerkanntsein. Witz, Temperament, Wortwahl, Gestik, alles, was zum persönlichen Stil des Einzelnen gehört, wurde zum anthropologischen Rätsel, wahrgenommen als Gesamtheit der individuellen Reflexe. Vor jeder Grammatik mit ihrem Punkt, Punkt, Komma, Strich wucherte immer schon die ungeheuerlichste sensualistische Vegetation, von der nur ihr Urheber wusste. Also war Sprache nur diese allen gemeinsame Lichtung, auf die man hinaustrat, geschwätzig lauernd, immer am Rand eines Dickichts aus Gesten und Blicken.

[...]

aus: Zwischen den Zeilen 1, September 1992, S. 21–23

1 Schlagen Sie die Begriffe „Reflex" und „Exegese" in einem Wörterbuch nach. Welche Assoziationen verbinden Sie mit der Komibination der Begriffe „Reflex und Exegese"?

2 Stellen Sie stichwortartig zusammen, was nach Grünbeins Ansicht unter „Gedicht" verstanden werden und „was man mit Gedichten alles anstellen kann".

3 Gliedern Sie den Text in seine Sinnabschnitte und fassen Sie die Gedanken der einzelnen Abschnitte mit eigenen Worten zusammen.

4 Vergleichen Sie Grünbeins Ansichten zum Gedicht und zum Schreiben mit seinen Gedichten. Prüfen Sie, ob Ihrer Meinung nach zwischen „Theorie" und Schreibpraxis eher ein harmonisches oder eher ein spannungsreiches Verhältnis besteht.

„So, wie die Kunst vom Auge beherrscht wird, ist Literatur vom Ohr völlig untrennbar". (Durs Grünbein)

1 Welche Position zu Kunst und Literatur vertritt Grünbein?

2 Diskutieren Sie die These, Literatur sei „vom Ohr völlig untrennbar", am Beispiel von Kling, Köhler und Grünbein.

Thomas Kling: Hermetisches Dossier (1997)

Was darf das Gedicht dieser Jahre keinesfalls sein? Ich meine laut: Rezeptions- und Unterhaltungsindustrie. Wenn sie sich dann noch mit der Literatur verpappt, verglühen beide gemeinsam.

In den 90er Jahren kehrt es wieder und wird genauso ungern gesehen wie in den 50er Jahren: das Hermetische. Und, selbstverständlich: das sogenannte Experimentelle, wiedergängerisches Etikett aus den 60er Jahren. Weil eine der Bequemlichkeit zuneigende Leser- und Rezensentenschaft die Finger besser von solchen Büchern lässt – und lassen soll. Und weil das beschämende Schlagworte sind; von hilf- und verständnislosen, überdies größtenteils grotesk uninformierten (andere, nicht minder häufige Variante: zu spät gehört habenden) Kritikern und Literaturgeschichtlern werden diese Handelsmarken so gedankenfrei wie notorisch gestreut, benutzt wie Abschlagwerkzeug aus den fröhlichen Zeiten der Feuersteinindustrien.

[...]

Die Distanz zum Hörerleser, zum Leserhörer. Schnellzüngigst, mit Stentorstimme, wie im Flüsterton. Immer inszeniert, immer inszeniert spontan. Immer präzis auf den Punkt mit der Stimme, mit der Schrift; immer Rhythmus und Bild hübsch, in getimten Klimawechseln, abstürzen lassen, um die Maschine, Sprach- und Sprechmaschine, wieder hochzuziehen. Recherche, Regie, Dramaturgie, Bildtechnik, Schnitt, Schnittüberwachung, Script, Archiv, Maske, die ganze verwackelte Kameraführung (Experimentalfilm!, *underground!*), der vom Näseln in Knacklaute übergehende, gern als irritierend empfundene Ton der Sprachinstallation: das Gedicht, paradoxes Instrument der Distanzüberwindung wie -gewinnung. Das Gedicht macht sich nicht vor, daß es heute, am Beginn einer weitgehend postliteralen Gesellschaft, kein Luxus ist. Vor allem aber: es besorgt weder das Geschäft des Schweigens, noch das des Verschweigens, da dies der Sprache bekanntlich unmöglich ist. Was Hermetik anbelangt, so duldet das Gedicht nur keine Unduldsamkeit.

Gedichte sind hochkomplexe („vielzüngige", polylinguale) Sprachsysteme. Kommunikabel und inkommunikabel zugleich: Hermes als Hüter der Türen und Tore, in diesen Eigenschaften des Doorman, Schleusenwärters und Botenstoffbeförderers tritt er in Erscheinung, ein Wirklichkeitsmixer, Reaktionsfähigkeit ist gefragt. Er hat darüber hinaus Zutritt zur Totenwelt: zu (elektronischen) Bibliotheken. Das Gedicht baut auf Fähigkeiten der Leser/Hörer, die denen des Surfens verwandt zu sein scheinen, Lesen und Hören – Wellenritt in riffreicher Zone.

29 polylingual: vielsprachig
30 Hermes: antiker Gott (gr. Merkur); Bote der Götter

aus: Thomas Kling: Itinerar. Suhrkamp, Frankfurt/M. 1997, S. 51–55

1 Schlagen Sie den Begriff „hermetisch" in einem Wörterbuch nach und klären Sie die Bedeutung in Bezug auf Klings Text.
2 Fassen Sie Klings Auffassung in Form von Thesen zusammen.
3 Welche Anforderungen stellt Kling an den Leser bzw. das Publikum von Lyrik?
3 Vergleichen Sie seine Gedicht-Poetik (Theorien zum Gedicht) mit seiner Schreibpraxis *(niedliche achterbahn, gewebeprobe)*.

Thomas Kling: gewebeprobe (1996)

der bach der stürzt
ist nicht ein spruchband
textband weißn rau-
schnnz;
          schrift schon;
der sichtliche bach di
textader, einstweilen
ein nicht drossel-, nicht
abstellbares textadersystem,
in rufweite; in auflösnder
naheinstellun'.
                    bruchstücke.
ständig überspült; über-
löschte blöcke, weiße schrift-
blöcke und glitschige, teils,
begreifbare anordnungn: ein un-
unterbrochen ununterbrochenes.
am bergstrich krakelige unruhe
und felsskalpell, schäumendes
ausschabn.
               bezifferbarer bach,
der bach der stürzt: guß,
megagerinnsel, hirnstrom.

aus: Thomas Kling: morsch. Gedichte. Suhrkamp, Frankfurt/M. 1996, S. 15

1 Gestalten Sie aus Zeitungs- und Zeitschriftenresten eine Collage, indem Sie Schriftzeichen und Textblöcke ausschneiden und in der Form eines stürzenden Bachs präsentieren.

2 Setzen Sie Ihre Collagen in Beziehung zum Text: Wo gibt es Anhaltspunkte für den Bildvergleich Text/Schrift und Bach? Was für eine Vorstellung von Schreiben, Schrift und Textproduktion steht hinter dem Bildvergleich? Inwiefern lässt sich zu Klings Auffassung vom Gedicht eine Beziehung herstellen?

3 Vergleichen Sie das Gedicht mit Klings Gedicht *niedliche achterbahn* und diskutieren Sie die Funktion der orthographischen Verfremdungen.

4 Welche Bedeutung könnte die Überschrift haben?
Hinweis: Schlagen Sie in einem Wörterbuch die Herkunft/ursprüngliche Bedeutung des lateinischen Wortes „textus" nach.

5 Entwickeln Sie Sprechfassungen des Gedichts, bei denen Sie die verfremdete Rechtschreibung berücksichtigen.

6 Fassen Sie in einem Statement zusammen, wieso das Gedicht auch nach intensiverer Beschäftigung mit ihm schwierig zu verstehen ist.

7 Diskutieren Sie: Lyrik am Ende des 20. Jahrhunderts – unverständlich und ohne Bezug zum Leserpublikum?

8 Stellen Sie in Form einer Stichworttabelle zu den „Theorie"-Texten des Kapitels die jeweilige Auffassung vom Gedicht, von der Produktion und Funktion des Gedichts zusammen. Berücksichtigen Sie dabei auch die Rolle der Sprache und den möglichen Leserbezug.

3.7 „Wir schwierigen Tiere“

Keith Haring: The Blueprint drawings (1990)

Durs Grünbein: Biologischer Walzer (1994)

Zwischen Kapstadt und Grönland liegt dieser Wald
Aus Begierden, Begierden die niemand kennt.
Wenn es stimmt, daß wir schwierige Tiere sind
Sind wir schwierige Tiere weil nichts mehr stimmt.

Steter Tropfen im Mund war das Wort der Beginn
Des Verzichts, einer langen Flucht in die Zeit.
Nichts erklärt, wie ein trockener Gaumen Vokale,
Wie ein Leck in der Kehle Konsonanten erbricht.

Offen bleibt, was ein Ohr im Laborglas sucht,
Eine fleischliche Brosche, gelb in Formaldehyd.
Wann es oben schwimmt, wann es untergeht,
Wie in toten Nerven das Gleichgewicht klingt.

Fraglich auch, ob die tausend Drähtchen im Pelz
Des gelehrigen Affen den Heißhunger stillen.
Was es heißt, wenn sich Trauer im Hirnstrom zeigt.
Jeden flüchtigen Blick ein Phantomschmerz lenkt.

Zwischen Kapstadt und Grönland liegt dieser Wald
... Ironie, die den Körper ins Dickicht schickt.
Wenn es stimmt, daß wir schwierige Tiere sind
Sind wir schwierige Tiere weil nichts mehr stimmt.

aus: Durs Grünbein. Falten und Fallen. Gedichte. Frankfurt/M. 1994, S. 71

Stilfiguren
Chiasmus: Überkreuzstellung von Wörtern zweier aufeinander bezogener Wortgruppen („Die Kunst ist lang, und kurz ist unser Leben“, Johann Wolfgang Goethe)
Metapher: Übertragung, verkürzter Vergleich (Motorhaube; Fuß des Berges); die Übertragung setzt beim Leser Assoziationen frei („Wie bin ich vorgespannt/Dem Kohlenwagen meiner Trauer“, Albert Ehrenstein)
Vergleich: sprachliche Form, die zwei oder mehrere Phänomene miteinander in Beziehung bringt; Vergleichspartikel „wie“ oder „als ob“
Parallelismus: Gleichförmigkeit im Satzbau; syntaktische Wiederholungen in der Anordnung und Reihenfolge einzelner Satzelemente (Heiß ist die Liebe, kalt ist der Schnee.)

1. Tragen Sie das Gedicht im Walzer-Rhythmus vor. Prüfen Sie, ob es zwischen Gedichtrhythmus und Walzerrhyhtmus Beziehungen gibt.
2. Suchen Sie für folgende Versmaße die Betonungsregeln: Jambus, Trochäus, Daktylus, Anapäst. Welches der Versmaße überwiegt bei Grünbein?
3. Weisen Sie folgende Stilfiguren im Gedicht nach: Chiasmus, Metapher, Vergleich, Parallelismus. Welche Bedeutung haben die Stilfiguren im Gedicht?
4. Welches Bild vom Menschen zeichnet Grünbein? Diskutieren Sie seine Wendung „wir schwierigen Tiere“.
5. Setzen Sie den Text in Beziehung zu Grünbeins Auffassung vom Gedicht (S. 48 f.).

Peter Rühmkorf: Ästhetik des Schreckens (1999)

Regentropfen an der Wäscheleine:
H o c h s e i l a k t –
Mit dem Fingernagel
ohne Sinn fürs Ungemeine
lieblos abgezackt.

Spinnennetz,
radial geädert,
ein beziehungsweises Weltsystem –

aus: Peter Rühmkorf: Wenn – aber dann. Vorletzte Gedichte. Rowohlt, Reinbek 1999, S. 60

Unwirsch mit dem Wischtuch weggeledert
so der Mensch – als Mitgeschöpf, nicht gerade angenehm.

Wie der Mensch?
Zu was? – Wem zu entsprechen?
Einem freigelassnen Zwangssubjekt?
Dies herauszubringen, brauchst du nur
mit dem Bajonett in es hineinzustechen,
und du siehst, was von Natur an Scheiße in ihm steckt.

Bleibt als Highlight so beschaffner Mängel
allenfalls noch seine Himmelssignatur:
Der Atompilz,
ein Gehirn am Stengel,
dem Millennium eingebrannt als Kultfigur.

Peter Rühmkorf (2000)

Peter Rühmkorf wurde 1929 in Dortmund geboren und wuchs in Niedersachsen auf. Er studierte Pädagogik, Kunstgeschichte, Germanistik und Psychologie in Hamburg. Nach der Arbeit an verschiedenen Zeitschriften war er von 1958 bis 1964 als Lektor im Rowohlt-Verlag tätig. Als Stipendiat hielt er sich 1964/65 in der Villa Massimo in Rom auf. Rühmkorf veröffentlichte vor allem Essays und Gedichte. 1993 wurde er mit dem Georg-Büchner-Preis ausgezeichnet.

1. Schlagen Sie den Begriff „Ästhetik" in einem Wörterbuch nach und erläutern Sie den Begriff „Ästhetik des Schreckens".
2. Stellen Sie alle Verse zusammen, die sich auf das Schlüsselwort „Mensch" beziehen. Was erfahren wir über den Menschen?
3. Welche Funktion hat die erste Strophe des Gedichts? Inwiefern steht sie überhaupt mit dem übrigen Text in Zusammenhang?
4. Inwiefern ist das „Millennium" das Thema des gesamten Gedichts?

Kathrin Schmidt: hochzeit (1995)

liebe schwester dies ist kein beklemmender brief aus
der schule der ohnmacht dies ist nur eine versteckte
aufforderung ein auto zu kaufen ein bißchen
buchsbaum und myrthe zu streuen und einen kleinen
hund neben dem sofa wohnen zu lassen auf keinen fall
ist dies ein aufruf zu begeisterter schwangerschaft
oder mütterlichen gefühlen liebe schwester aber das
weißt du ja schon ich schreibe dir aus der
gegenwärtigen lage heraus die immer ein bitterer
historischer ort ist und von den schwachen geputzt
wird ich schreibe dir also was wir tun könnten risse
der strick dann nämlich liebe schwester sollten wir
uns einen ausgewachsenen mann zum mörder nehmen und
so tun als sei nichts gewesen

aus: Kathrin Schmidt: Flußbild mit Engel. Gedichte. Buch & Media, Libri, München 2000, S. 45

1. Tragen Sie den Text vor. Berücksichtigen Sie dabei, wie Sie die Sprecherinnenrolle des Ichs zum Ausdruck bringen könnten.
2. Stellen Sie Vers für Vers die Auffassung vom Verhältnis der Geschlechter zusammen, die der Text vermittelt.
3. Schmidts *hochzeit*: Bestandsaufnahme oder Provokation?
4. Vergleichen Sie das Gedicht mit Schmidts „eine andere sein". Beachten Sie dabei auch die Gedichtform.
5. Welche Positionen zum Thema „Mensch" vermitteln die Gedichte in diesem Kapitel? Stellen Sie Gemeinsamkeiten und Unterschiede zusammen, und nehmen Sie aus Ihrer Sicht zu den Gedichtpositionen Stellung.

Vergleichen Sie Gedichte des frühen Gottfried Benn (z. B. *Der Arzt* von 1910) mit den Gedichten von Durs Grünbein.

4 „Wirklichkeit sieht allemal anders aus" – Theater

4.1 Die Wirklichkeit im Spiegel des Mythos

Botho Strauß

Botho Strauß, 1944 in Naumburg an der Saale geboren, verbrachte seine Kindheit in Remscheid und Bad Ems. Nach dem Studium der Germanistik, Theaterwissenschaft und Soziologie in München und seiner Tätigkeit als Redakteur und Kritiker bei der Theaterzeitschrift *Theater heute* arbeitete er als Dramaturg zusammen mit dem Regisseur Peter Stein an der Schaubühne am Halleschen Ufer in Berlin. In seinem ersten Theaterstück *Hypochonder* (1972) distanzierte sich Botho Strauß von den Ambitionen und intellektuellen Utopien der sechziger Jahre. Selbstzweifel, Selbstentfremdung und Orientierungslosigkeit wurden zu Leitmotiven seiner Theaterstücke, Gedichte und Essays. 1988 wurde Botho Strauß mit dem renommierten Büchner-Preis ausgezeichnet. Botho Strauß lebt heute in Berlin.

Botho Strauß: Wirklichkeit sieht allemal anders aus (1988)

DER ZUSCHAUER Was für ein Abend! Ich gehe ins Theater, um mir die Sorgen zu vertreiben. Was sehe ich aber auf der Bühne: haargenau meine Sorgen. Ein Stück, wie es alltäglicher nicht sein könnte. Man kommt von der Garderobe und betritt den Zuschauerraum. Man nimmt Platz. Der Vorhang öffnet sich, und man sieht vor sich wiederum die Garderobe. Ein Mensch tritt auf, einem selbst zum Verwechseln ähnlich, jemand, der offenbar überstürzt ein Schauspiel verlassen hat und sich nun bei der Garderobenfrau darüber beschwert, dass ihm das Theater zu alltäglich, zu gegenwärtig, zu wirklichkeitsnah und persönlich nur allzu bekannt vorkommt. Womit ich mir meine eigenen Worte des Abscheus sparen kann.

GARDEROBENFRAU Die Leute amüsieren sich. Sie hören es.

DER ZUSCHAUER Natürlich. Sie amüsieren sich. Sie amüsieren sich über mich. Das ist mir nichts Neues. Das erlebe ich jeden Tag bei mir zu Hause. Dafür brauche ich nicht ins Theater zu gehen und 32 Mark Eintritt zu bezahlen. Man will doch den idealen Menschen sehen, den es nur auf der Bühne, in angemessener Entfernung, gibt. Idole will man sehen für sein Geld. Ich halte das ganze Stück im Grunde für eine Anspielung auf meine Person. Genauso stehe ich da. Sie sehen es selbst, wie auf der Bühne. Wie heißt denn der Autor? *Er sieht ins Programmheft.* Bertrand Vobis. Hm. Ist mir nie begegnet. Aber er muss mich kennen, und zwar auf eine ungeheuerliche Weise. Bertrand Vobis. Wahrscheinlich ein Pseudonym. Ich habe das Gefühl, er könnte ein Neffe von mir sein. Oder ein Freund meines Bruders. Nein, der ist ein Kretin. Der weiß nichts über mich. Ich gehe da nicht wieder hinein.

GARDEROBENFRAU Warum gefällt Ihnen das Stück nicht? Es ist ein schönes Stück. Die Schauspieler sind sehr gut.

DER ZUSCHAUER Wenn das ein schönes Stück ist, so wäre mein Leben schön. Wenn das gute Schauspieler sind, wäre ich ein Naturtalent. Stünde ich selbst auf der Bühne und brauchte mich nicht als Zuschauer über einen Zuschauer auf der Bühne zu ärgern. Ich habe letztlich keinen Schauspieler gesehen, sondern einen glücklosen Mann, den es auf die Bühne verschlagen hat. Letztlich mich selbst, darf ich wohl sagen. Was tut er übrigens, dieser Mann, nachdem er das Schauspiel verließ und sich mit der Garderobenfrau unterhalten hat?

GARDEROBENFRAU Er geht wieder hinein. Er lässt sich von ihr überzeugen, dass es sich lohnt, das Stück bis zum Ende anzusehen. Sie sagt, dass sie nach der Vorstellung gern mit ihm darüber diskutieren würde. Daraus ergibt sich dann eben die berühmte Liebesgeschichte.

DER ZUSCHAUER Die berühmte Liebesgeschichte? Berühmt, hm, hm. Na ja. Das ist eben so auf dem Theater. Die Wirklichkeit sieht allemal anders aus.

aus: Botho Strauß, Der Gebärdensammler. Texte zum Theater. Herausgegeben von Thomas Oberender, Verlag der Autoren, Frankfurt 1999, S. 183 ff.

1 Beschreiben Sie die Wirkung dieser Theaterszene auf Sie selbst.

2 Was ist Wirklichkeit? Was ist Theater? Grenzen Sie wirkliche Welt und Theaterwirklichkeit voneinander ab. In welcher Welt ereignet sich die Liebesgeschichte?

3 „Lohnt" es sich, „das Stück bis zum Ende anzusehen"? Welches Ende schlagen Sie vor? Entwickeln Sie szenische Lösungen.

4 Spielen Sie diese Szene. Vergleichen Sie ihre Vorschläge für die Rolle des Zuschauers und für die Ausgestaltung der „berühmten Liebesgeschichte".

5 Formulieren Sie Ihre eigenen Erwartungen an das Theater und einen Theaterbesuch.

Botho Strauß: Die Erde ein Kopf – Dankrede zum Büchner-Preis (1988)

[...] Gut 150 Jahre nach seinem [Georg Büchners] Tod schreibt bei uns niemand ein Drama mehr; keine Tragödie kaum je eine Komödie, bestenfalls Stücke werden hier und dort noch geliefert. Theaterdichter, Ureinwohner des Abendlands wenige Leute noch und oft vom großen Seinlassen ergriffen; ein Stamm, der seine Gelüste verlor und sich nicht mehr vermehrt, nicht mehr ordentlich für seine Ernährung sorgen kann, der die Gebräuche und Techniken seines Handwerks verlernt hat, dem Erinnerung und Bewusstsein sich allmählich auflösen, eine durch Populationsschwund verendende Gattung. Zu wenige sein, das zehrt an der Kraft und Fühlung jedes Einzelnen. Die Minderzahl innerhalb der Spezies untergräbt den Aufbau des Individuums.

Das Theater beklagt, nicht eben lautstark, das Entschwinden der Autoren. Wenn sich jedoch ein letzter, neuer schüchtern vorstellt, so weiß das Theater nicht recht, was es mit ihm anfangen soll. Es ist ein Theater der Regisseure und Schauspieler, es gibt sich mittlerweile so anspruchsvoll, der ganze Betrieb ist so kostspielig geworden, dass man an einen neuen, unsicheren Text kaum je seine ganze Kunst verschwenden würde. [...]

Einer, der jetzt für Theater schreibt, sollte sich bewusst sein oder es in seinem Instinkt bewegen, dass er nicht mehr für das öffentlichste, sondern für das älteste öffentliche Medium schreibt, das die Menschheit besitzt. Um dessen Gesichter aufzuwecken, loszumachen, bedarf es besonderer Herausforderungen, Lockkünste. Den kleinen, unendlich tiefen Raum erfüllt eine beispiellose Wiedergängerei. In der Kammer unzähliger Schlachten, Morde, Kriege drängen Tote sich, die jeden Augenblick, von der Kugel der Wiederbelebung getroffen, zu uns hervortreten können.

Ein Medium, wahrhaftig, aber eher eines im vorigen, vortechnischen Wortsinn. Das gesprengte Urritual, das in tausend Wesensteilchen, Form- und Wirkungsgesetzen auf uns gekommen ist. Jede neue Figur, für die Bühne entworfen, besteht, wenn sie spielbar sein soll, zu zwei Dritteln aus Theaterkamerad, rollengeschichtlicher Synthese, Funduskreation und nur zu einem Drittel aus Zeitgenosse und aktuellem Stoff. Das ist die Bindung, der Anspruch der Überlieferung, die man beachten muss, die Freiheit, die man daraus empfängt, ist groß.

Das Theater ist der Ort, wo die Gegenwart am durchlässigsten wird, wo Fremdzeit einschlägt und gefunden – und nicht wo Fremdsein mit den billigen Tricks der Vergegenwärtigung getilgt oder überzogen wird. Es ist altmodisch und lächerlich, sich sogenannter Modernisierungen zu bedienen, den Jeep in Wallensteins Lager vorfahren zu lassen. Viel anwesender ist das Theater dort, wo es zum

Drama (griechisch „Handlung"): Oberbegriff für alle Formen szenischer Vorlagen, die sich erst in ihrer sprachlich-spielerischen Inszenierung verwirklichen. Die sich in Monolog und Dialog vollziehende dramaturgisch gestaltete Handlung findet ihren Höhepunkt im Konflikt unvereinbarer Positionen. Das aristotelische Drama, Urform der Gattung, zielt auf ein emotional-affektives Einwirken auf den Zuschauer im Dienste der seelischen Bestätigung der Ordnung, setzt also ein geschlossenes und akzeptiertes Weltbild voraus.

Tragödie (griechisch „Bocksgesang"): Die älteste Dramengattung entwickelte sich aus rituellen Kulthandlungen und zeigt den Menschen in der unlösbaren schicksalhaften Verstrickung. Die Tragödie konfrontiert den Menschen mit letzten Fragen nach Freiheit, Schuld, Ordnung und Verantwortung in einem tragischen Konflikt.

Komödie (griechisch „Umzug beim Gelage"): Die Komödie verwickelt den Menschen in einen – oft nur scheinbaren – Konflikt von Schein und Sein, Anspruch und Wirklichkeit. Die Auflösung des Konflikts im Lachen entlarvt die Unzulänglichkeiten des Menschen und versetzt den Zuschauer in die Position der heiteren Überlegenheit über die präsentierten Schwächen.

Schauplatz seines eigenen Gedächtnisses, seiner originalen Mehrdeutigkeit wird. Dem Autor aber käme es zu, ihm jetzt ein neues Imaginarium zu entdecken. Trotz der mitunter abschreckenden Wirkung von Bewusstseinsträgern unter den Theaterleuten, es bleibt schwer verständlich, weshalb kaum ein jüngerer Autor sich dem großen, freizügigen Kunstwerk Theater verschreibt, das erneuerungsbereiter sich darbietet als etwa der Film, das Kino, frei von kommerziellem Druck und phantasieplättender Unterhaltungskonkurrenz. Ja, es ist gleichsam selbst als ein Kunstwerk anzusehen, das, wie in einem Mythos, nur existieren kann, wenn es zu jeder Zeit von Berufenen aufs Neue vollendet wird; andernfalls bildet es sich zurück, verkümmert zum grauen, radikalen Werkstatt-Entwurf oder degeneriert zum Warenhaus, zur Modenschau. […]

aus: Botho Strauß: Der Gebärdensammler. Texte zum Theater. Herausgegeben von Thomas Oberender, Verlag der Autoren, Frankfurt 1999, S. 33 ff.

1 Grenzen Sie Drama, Komödie und Tragödie gegeneinander ab und suchen Sie Belege für Strauß' These vom Ende dieser Theaterformen.
Hinweis: Beachten Sie den Text in der Randspalte auf Seite 55.

2 Welche „Lockkünste“ fordert Botho Strauß für ein wirkungsstarkes Gegenwartstheater? Versuchen Sie, den Begriff „Imaginarium“ inhaltlich zu füllen.

3 Welche Mythen kennen Sie? Erläutern Sie den Vergleich von Theater und Mythos.
Hinweis: Beachten Sie den Text in der Randspalte.

Mythos (griechisch „Geschichte, sagenhafte Erzählung“):
In ihrem bildhaften Geschehen erzählen und deuten Mythen Ereignisse der Vorzeit. Sie veranschaulichen die Entstehung der Welt, der Religionen, der Götter, Menschen und Naturkräfte, wobei sie zugleich das Selbst- und Weltbild der Menschen ausdrücken.
Die ältesten europäischen literarischen Mythen stammen aus der griechischen Antike und überliefern häufig halbgeschichtliche Ereignisse. Im übertragenen Sinne bezeichnet der Begriff auch legendäre Personen und Geschehen. An die Stelle einer mythischen Weltdeutung ist nicht zuletzt das naturwissenschaftliche Weltbild getreten.

Szenenfoto aus: Botho Strauß: Sieben Türen. Regie: Frank-Patrick Steckel, Schauspielhaus Bochum 1990

Botho Strauß: Medea hat Recht (1988)

MARIE STEUBER *steht mit dem Rücken zur Wand.* Recht! Recht! Recht! Medea hat Recht!
RUDOLF Du hast keinen Grund, dich auf Medea zu berufen. Wir haben keine Kinder, ich habe dich nicht um einer Kreusa willen, einer Königstochter, verlassen, und doch, scheint mir, steigerst du dich hinein in dieses Ungeheuer.
MARIE STEUBER Sie ist kein Ungeheuer. Sie leidet sich kaputt.
RUDOLF Tust du das etwa auch?
MARIE STEUBER Medea ist ganz einfach. Ganz kreatürlich. Ganz ursprünglich. Und ihre Umwelt ist verdorben.

RUDOLF Das gibt ihr noch lange nicht das Recht, ihre eigenen Kinder zu opfern!

MARIE STEUBER Das gibt ihr nicht das Recht? Was weißt du denn?! Das gibt ihr nicht das Recht! Aber natürlich! Sie liebt den Jason, er ist ihr mehr als alles auf der Welt. Was haben sie nicht alles durchgemacht und gemeinsam erlitten, die beiden! Und wie gemein hat er sie dann betrogen.

RUDOLF Wo ist die Parallele? Ich frage dich: Wo ist die Parallele zwischen dir und mir einerseits, zwischen Medea und Jason andererseits, wo bitte? Es fängt doch langsam an, fürchterlich zu werden, wie dir diese Dichtung zu Kopf steigt. Du hast noch niemals etwas gelesen. Du kennst nur diese Medea, das ist das Einzige, was du überhaupt je gelesen hast.

MARIE STEUBER Ich brauche nichts anderes zu lesen.

RUDOLF Lies doch Anna Karenina oder die Kameliendame oder sonst irgendein rührendes Frauenschicksal.

MARIE STEUBER Medea versucht ja alles zu tun, um das Unglück abzuwenden. Aber Jason hört nicht auf sie.

RUDOLF Wie soll er denn auf sie hören? Sie sind mitten in einer Tragödie! Da ist gar nichts zu machen. Wir befinden uns dagegen keineswegs in einer Tragödie. In unserem Leben gibt es keinen Raum für Medea. Es gibt für sie keinen Platz, verstehst du?

MARIER STEUBER Medea begeht die größte Liebestat, die je eine Frau begangen hat.

RUDOLF Aus Eifersucht, aus purer Selbstsucht. Mord- und Vernichtungssucht. Das nennst du Größe?

MARIE STEUBER Du bist nämlich noch viel kleiner als Jason. Wie kannst du so etwas sagen? Wie kommst du darauf?

RUDOLF Ich weiß nicht, ich hatte es so in Erinnerung. Ich glaube nicht, dass ich mich täusche.

MARIE STEUBER Das Drama zeigt –

RUDOLF Du solltest Literaturunterricht nehmen. Damit du lernst, wie man ein Drama liest. Es ist offensichtlich gefährlich, ein Drama zu lesen, eine Tragödie, wenn man nicht richtig damit umgehen kann. In einem Drama haben immer zwei Leute Recht, sonst wäre es keins. Das haben wir alle auf der Schule gelernt.

MARIE STEUBER Ich möchte wissen, wo Jason Recht hat, bitte? Wo hat er recht? Ausrotten, zerstören, verbrennen, schlachten, Blut, Blut! Wenn er doch ein Verräter ist!

RUDOLF Ich bin anderer Meinung –

MARIE STEUBER Meinung? Keine Meinung! Es geht um das Gefühl, das unendlich große, so königlich, so königlich, stolz und schwarz und fremd und alles!

RUDOLF Du bist eine fanatische Anhängerin dieser Medea aus Kolchis.

MARIE STEUBER Ja. Das bin ich. Das bin ich.

RUDOLF Gut: Es gibt religiöse Fanatiker, politische Fanatiker, Sportfanatiker etcetera. Alle Fanatiker sind für mich Idioten. Das sage ich dir ganz deutlich.

MARIE STEUBER Auch wenn dich jemand fanatisch liebt?

RUDOLF Fanatisch braucht mich niemand zu liebe, das verlange ich gar nicht.

MARIE STEUBER Das ist es eben, was Medea nicht versteht. Diese Haltung versteht sie nicht. Unmöglich. Aus. Tod und Feuer.

RUDOLF Ich werde dir das Buch fortnehmen. Weg mit der Tragödie. Ich schmeiße sie auf die Straße.

Medea-Mythos
Medea, kolchische Königstochter, half Jason, dem Anführer der Argonauten, auf seinem Eroberungsfeldzug von Jolkos aus nach Osten, das Goldene Vlies zu erringen. Aus Liebe zu Jason verließ Medea ihre Heimat, tötete Bruder und Vater auf der Flucht und fand schließlich Zuflucht in Korinth. Ihre Söhne Pheres und Tisander und Jasons Liebe bleiben schließlich der Heimatlosen. Doch als Jason nach Macht und Thron strebt und dafür sich mit Glauke verbindet, verstößt er Medea. Kreon, Glaukes Vater, verweist sie des Landes.
Verstört, verletzt und fassungslos sinnt Medea auf Rache und erinnert sich ihrer Zauberkräfte. Durch die Söhne lässt sie Glauke tödliche Geschenke überbringen. Braut und Vater, aber auch die eigenen Kinder werden vernichtet. Der Medea-Mythos entwickelte sich vor dem historischen Hintergrund der griechischen Ostkolonisation.

25 Anna Karenina: Der russische Schriftsteller Lew Tolstoj (1828–1910) schildert in seinem Roman Anna Karenina (1877), wie die zur russischen Oberschicht zählende Anna Karenina als Ehebrecherin gesellschaftlich ausgegrenzt und persönlich gedemütig wird. In ihrer Verzweiflung wirft sie sich schließlich vor einen Zug.

25 Kameliendame: In seinem Roman Die Kameliendame (1848) stellt der französische Romancier Alexandre Dumas (1824–1895) die tragische Geschichte einer Pariser Kurtisane dar. Marguerite Gautier liebt Armand Duval, einen jungen Mann aus gutem Hause, und gibt seinetwegen ihre frühere Existenz auf. Auf Drängen der Familie ihres Geliebten fügt sich Marguerite schließlich der bürgerlichen Moral und opfert ihr Glück.

MARIE STEUBER Du scheinst nicht zu begreifen, dass Medea da ist. Dass sie ihr Recht fordert. Dass wir nicht einfach so tun können, als gäbe es sie nicht. Wage nicht, sie zu verstoßen. Spiel nicht mit dem Gedanken. Sei klüger als Jason.

aus: Botho Strauß: Der Gebärdensammler. Texte zum Theater. Herausgegeben von Thomas Oberender, Verlag der Autoren, Frankfurt 1999, S. 185 ff.

Gerda Lepke: Medea sagt, wer die Leute zwinge, an ihr Heiliges zu rühren, mache sie sich zum Feind

1 Welche Position nehmen beide Figuren zu Medea und zur Tragödie ein? Wie begründen sie ihre Haltungen?

2 Beschreiben Sie das Verhältnis beider Figuren zueinander.

3 Vergleichen Sie Ihre Beobachtungen mit der Körpersprache der Figuren auf dem Szenenfoto aus *Sieben Türen* (S. 56) und in Gerda Lepkes Skizze.

4 Erörtern Sie, ob dieses Drama die Forderungen, die Botho Strauß an das zu schaffende Imaginarium stellt, erfüllt.

Medea-Metamorphosen (Verwandlungen)
Die Medea des griechischen Dramatikers Euripides (480–406 v. Chr.) begründete das Bild der Medea als der rachsüchtigen Geliebten und Kindermörderin. Selbst jedoch nach der Medea abträglichsten voreuripideischen Version wird diese des Mordes an ihren Kindern zu Unrecht beschuldigt. Im Bild der von Euripides umgestalteten Medea, das in der Geschichte des Theaters bis heute vielfältige Ausgestaltungen erfahren hat, spiegelt sich zugleich die „Frauenphantasie" der jeweiligen Zeit wider. In literarischen Texten der achtziger und neunziger Jahre setzt sich ein neues Medea-Bild durch, das bewusst an den ursprünglichen Mythos anknüpft.

Dagmar Nick: Medea, ein Monolog (1988)

[...] Geschichten hat man in dieser Gegend immer erfunden. Schon als ich in Iolkos an Land ging, Seite an Seite mit Iason, die gesamte Mannschaft der Argo wie im Schlepptau uns nach, ich, als einzige Frau in einer Rotte von Männern, verwahrlost und ungewaschen wie sie, da schoben die Straßenmädchen die Köpfe zusammen und die alten Weiber mit ihren schlaffen Brüsten im Peplos zeigten auf mich mit ihren knotigen Fingern: So eine hat er sich mitgebracht! Eine Ausländische, eine vom Rand der Welt, von dort, wo das Jenseits beginnt; die kann zaubern, die holt die Toten herauf, die weiß, wie man Männer verhext.

[...] Am dritten Tag jaulten die iolkischen Frauen bereits, ich hätte nicht nur den Schwiegervater verjüngt, sondern auch andere Männer der Stadt, und jetzt würde ich keinen verschonen, ich würde nicht aufhören mit dem Zauber, bis ich die biedersten und lendenlahmsten der Männer verwandelt hätte, auf dass sie am Ende alle selbstvergessen und geil wie die Springböcke hinter den Weibern herlaufen würden – freilich nicht nur hinter den eigenen. Und am nächsten Tag wussten sie plötzlich den angewendeten Trick, wie ich die Kerle zerstückle und wieder zusammensetze, und die Kinder mit ihrer unbändigen Phantasie fügten hinzu, dass die zerstückelten Leiber vor dem Zusammensetzen gekocht werden müssten, und als dann die Töchter des Pelias meinten, ihren Vater auf diese Weise selbst verjüngen zu können, um länger in den Genuss seiner Ver-

aus: Dagmar Nick: Medea, ein Monolog. Rimbaud, Aachen, 1998, S. 8 ff.

sorgung zu kommen, der Mitgift wegen, da standen sie vor dem Kochkessel mit den blutigen Stücken und rührten und zeterten, weil nichts als Gestank aus dem Kessel dampfte, und als auch nach Stunden sich aus der Masse kein kein neuer Pelias emporheben wollte, wie sollte er auch! – da war ich die Mörderin. [...]

Ich glaube nicht an Geschichten. Man hat viel zu viele Geschichten erzählt. Am Ende halten die Leute alles für wahr. Auch dass Medea ihre Kinder eigenhändig erwürgt hat! Ich! Eine kolchische Mutter! Auch dass ich Iasons Geliebte mit einem silberdurchwirkten Gewand, dünn wie ein Spinnennetz, in Flammen versetzte und ihren königlichen Vater, freilich ohne ein solches Gewand, dazu! Und wie dann der Kreusa, diesem Luder, das meine Ehe zerstörte, die Haut zu weißen Blasen verbrannte just, als sie mein Hochzeitsgeschenk über die Schultern zog, und wie sie damit brüllend vor Schmerz in den Brunnen sprang, aus dem sie nicht mehr lebendig heraufkommen wollte – einen Aussatz hatte sie, der sie hineintrieb in das kühlende Wasser! Aber das mit dem Aussatz, das durfte keiner erfahren, das durfte nicht wahr sein, das musste das Werk der Medea sein, der Verstoßenen, der Zauberin, der Unheilbringerin, die jenseits der Meere beheimatet war. [...]

Szenenfoto aus: Medea. Aufführung der Städtischen Bühnen Münster. Premiere: 13.01.2001

1 Zeigen Sie die Strategien der Ausgrenzung auf, denen sich Medea in Iolkis ausgesetzt sieht.

2 Ziehen Sie aus Medeas Sprache und Argumentation Rückschlüsse auf ihr Selbstverständnis als Frau.

Heiner Müller: Medea

Meine Liebe ist stark,
Wie das Feuer.
Wie der Nebel der die Städte heimsucht die asphaltenen
Wie die Sonne vor der die Landschaften nackt sind
Wie der Mond rollend über den Plätzen
Wie der Wind, der die Trommler in den Bäumen
Wie der Wald aus dem die Särge gemacht

1 Vergleichen Sie das Szenenfoto einer *Medea*-Inszenierung oben mit Heiner Müllers *Medea*-Text.

Heiner Müller

Heiner Müller, der von 1929 bis 1995 lebte, ist einer der bedeutendsten, aber auch umstrittensten Dramatiker der deutschen Gegenwartsliteratur. Er wurde 1985 mit dem Büchner-Preis, 1990 mit dem Kleist-Preis und 1991 mit dem Europäischen Theaterpreis für sein Werk von internationaler Bedeutung ausgezeichnet. Mit seinen Stücken knüpfte er an das epische Theater Bertolt Brechts an und beeinflusste das moderne Theater nachhaltig. Gegenüber der marxistischen Ideologie grundsätzlich positiv eingestellt, entwickelte sich Müller zu einem Kritiker des realen Sozialismus. Leitmotivisch durchzieht die Auseinandersetzung mit der deutschen Geschichte als einer Geschichte der Gewalt sowie die Bearbeitung von Themen Shakespeares und der griechischen Antike das Werk Heiner Müllers.

Heiner Müller: Herzstück (1983)

EINS Darf ich Ihnen mein Herz zu Füßen legen.
ZWEI Wenn Sie mir meinen Fußboden nicht schmutzig machen.
EINS Mein Herz ist rein.
ZWEI Das werden wir ja sehen.
EINS Ich kriege es nicht heraus.
ZWEI Wollen Sie, daß ich Ihnen helfe.
EINS Wenn es Ihnen nichts ausmacht.
ZWEI Es ist mir ein Vergnügen. Ich kriege es auch nicht heraus.
EINS *heult.*
ZWEI Ich werde es Ihnen herausoperieren. Wozu habe ich ein Taschenmesser. Das werden wir gleich haben. Arbeiten und nicht verzweifeln. So, das hätten wir. Aber das ist ja ein Ziegelstein. Ihr Herz ist ein Ziegelstein.
EINS Aber es schlägt nur für Sie.

Gedicht aus: Heiner Müller: Werke 1. Die Gedichte. Suhrkamp, Frankfurt am Main 1998, S. 106

Dramentext aus: Heiner Müller: Herzstück. Rotbuch-Verlag, Berlin 1989, S. 7

1 Beschreiben Sie, was an dem Stück mehrdeutig und befremdlich erscheint.

2 Versuchen Sie, ein Thema des Stücks formulieren.

3 Erproben Sie unterschiedliche Ausdrucksformen einzelner Sätze.

4 Entwickeln Sie ausgehend von den Partnerfiguren EINS und ZWEI szenische Realisierungsvorschläge.

„Das Theater ist der Ort, wo die Gegenwart am durchlässigsten wird, wo Fremdzeit einschlägt und gefunden – und nicht wo Fremdsein mit den billigen Tricks der Vergegenwärtigung getilgt oder überzogen wird. [...] Viel anwesender ist das Theater dort, wo es zum Schauplatz seines eigenen Gedächtnisses, seiner originalen Mehrdeutigkeit wird." (Botho Strauß: Büchner-Preis-Rede)

1 Erläutern Sie Botho Strauß' These zum Gegenwartstheater am Beispiel der vorgestellten Szenen und Szenenbilder.

Maja Beutler: Die unverstandene Frau. Erstveröffentlichung in: MiniDramen im Verlag der Autoren, hrsg. von Karl-Heinz Braun, Frankfurt am Main, 1987

Maja Beutler: Die unverstandene Frau (1987)

Souffleuse *flüsternd* Endlich ein Drama für mich.

1 Handelt es sich bei Maja Beutlers Text um ein Drama?

4.2 Die Dramatik bürgerlicher Katastrophen

Marius von Mayenburg

Marius von Mayenburg, geboren 1972 in München, studierte nach dem Abitur Germanistik zuerst in München, anschließend in Berlin, wo er den Studiengang „Szenisches Schreiben" belegte. 1995 entstand sein erstes Stück *Haarmann,* 1996 folgte *Fräulein Danzer* und 1997 *Monsterdämmerung.* Mayenburgs Schauspiel *Feuergesicht* wurde vielfach ausgezeichnet und auch im Ausland aufgeführt. Marius von Mayenburg wirkt als Dramaturg und Hausautor an der Schaubühne am Lehniner Platz in Berlin. Sein neuestes Stück *Parasiten* wurde von großen deutschen Bühnen aufgeführt.

Marius von Mayenburg: Feuergesicht (1997)

[...]

(Die Mutter hält dem Vater etwas hin, das in verkohltes Zeitungspapier eingewickelt ist.)

MUTTER Das lag hinter der Garage.

VATER Was machst du hinter der Garage?

MUTTER Ich hab mich gewundert.

VATER Das ist Zeitungspapier.

MUTTER Verbrannt. Zum Teil verbrannt. Aber ich hab reingeschaut. Und drinnen ist eine tote Amsel und ist auch halb verbrannt.

VATER Die Zeitung ist von vor zwei Wochen.

MUTTER Die Amsel sicher auch. Aber was sollen wir jetzt machen?

VATER Schmeiß sie weg.

MUTTER Sicher. Aber mit dem Kurt?

VATER Warum sollen wir mit dem was machen?

MUTTER Weil der das war, hinter der Garage.

VATER Aber der schießt keine Amsel ab, der Kurt.

MUTTER Mann.

VATER Ja, was weiß ich, was willst du bloß, Frau, Frau, Frau! Eine tote halbverbrannte Amsel in einer Zeitung von vor zwei Wochen.

MUTTER Nichts tun? Sollen wir nichts tun, wenn unser Sohn Tierleichen in Zeitungen wickelt und das ganze flambiert, wenn ihm sowas Spaß macht, ist das normal, alle Jungens machen das, und es ist auch gleich, dass in der Garage ein Auto steht, das mit Benzin voll ist und ihm um die Ohren fliegen kann, wenn er tote Vögel anzündet, dein Sohn?

VATER Der Sohn pubertiert, und der Vogel war tot, und die Zeitung ist zwei Wochen alt. Punkt

[...]

VATER Das wird schon. *(Er legt ihr seinen Arm um die Schulter.)* Das wird. Der ist jung, da heilt das. Wann, sagt denn der Arzt, kann er wieder zur Schule gehen?

MUTTER Schule? Was denn Schule? Das ist vorbei, da wird er natürlich rausgeschmissen.

(Sie weint. Der Vater will sie wieder umarmen, überlegt es sich aber anders.)

PAUL Der ist komisch, dein Bruder.

OLGA Sag du nix über meinen Bruder.

PAUL Ich hab bloß gemeint, dass ich ihn komisch find, wie der dasitzt, mit seinem weißen Gesicht.

OLGA Das findest du komisch. Dass er sich das Gesicht verbrannt hat. Hast du mal solche Schmerzen gehabt, und er macht keinen Mucks, der verzieht noch nicht mal das Gesicht.

PAUL Kann er ja auch nicht.

OLGA Komisch.

PAUL Ja. *(Er grinst.)*

OLGA Willst du was trinken? – Kurt, sag doch was. Ich möchte gern was tun für dich. – Warum hast du das gemacht? Du kannst eigentlich umgehn mit dem Feuer, weil du das kennst. Keiner kennt das so gut wie du. *(Sie weint.)* Lass mich hier nicht so hocken.

KURT Du hast deinen Paul. Dem kannst du was zu trinken bringen.

VATER Jetzt ham sie ihn gekriegt.

MUTTER Wen?

VATER Den Hurenmörder. Und das versteh ich nicht.

MUTTER Was verstehst du nicht? Du liest doch jeden Tag Zeitung, dass du alles verstehst.

VATER Aber das versteh ich trotzdem nicht, dass das ein Ingenieur gewesen ist. Wie ich. Ein echter Ingenieur.

MUTTER Da siehst du mal.

VATER Was seh ich da? *(Mutter zuckt die Schultern.)* Gar nichts seh ich da mehr. Da wirds mir schwarz vor den Augen.

KURT In der Pause bin ich im Klassenzimmer geblieben. Allein. Ich hab hinaufgeschaut, wie das Feuer am Vorhang hochgeklettert ist, unten ist der verbrannte Dreck runtergefallen und hat gequalmt. Es ging schnell und hatte seinen eigenen Duft. Ich hab den Kopf im Nacken abgelegt und den Kiefer runtergeklappt und hab eine große Ruhe gespürt in dem Geknister. Oben löst sich ein brennendes Stück aus dem Brand und segelt runter. Aus den Kanten rieselt der Rauch, oben hängt es an den Flammen. Das kommt näher und legt sich auf mein Gesicht. Zuerst atme ich tief den grünen Qualm hinunter, und ich merk, wies mit meiner Haut zusammenschmilzt. Ich kann mir nur noch die Asche vom Gesicht fegen. Schmerz kommt später.

OLGA Wo hast du das Motorrad?

PAUL Ist in Reparatur.

OLGA Kaputt?

PAUL Benzinpumpe. Vergaser und so.

OLGA Aha.

PAUL Wir können auch mal zu Fuß spazieren gehn.

OLGA Ich weiß nicht.

PAUL Magst du mich jetzt nicht, wo ich das Motorrad nicht dabei hab?

OLGA Doch. Natürlich.

PAUL Manche sagen, du magst mich nur wegen dem Motorrad.

OLGA Irgendeinen Grund hats immer, wenn man einen Mann mag. Von nix kommt nix. Aber du kannst ganz ruhig sein. Das Motorrad hast du ja. *(Sie lacht.)*

MUTTER *(Schmiert Kurt neue Salbe aufs Gesicht.)* Tut das noch weh? Ich weiß, dass das weh tut. — Ein Jammerlappen bist du nicht.

KURT Vergiss nicht das Ohr.

MUTTER Wenn das hier vorbei ist, setzen wir uns zusammen hin und überlegen, wie es weitergeht mit dir.

KURT Nein.

MUTTER Wir sehen, dass wir eine Schule finden, die dich nimmt.

KURT Nein.

MUTTER Wieso nein?

KURT Ich geh in keine Schule mehr.

MUTTER Wir müssen nicht jetzt darüber reden. Du kannst auch eine Lehre anfangen.

KURT Nein.

MUTTER Aber irgendwas musst du dann tun.

KURT Werd ich auch.

MUTTER Was?

KURT Irgendwas tun.

MUTTER Ja, aber was denn?

KURT Irgendwas.

(Paul hat ein blaues Auge.)

PAUL Keine blöden Fragen jetzt. Ich hab Streit gehabt mit meinem Vater.

MUTTER Mit deinem Vater?

PAUL Keine blöden Fragen. Mit dem Chef auch.

KURT Aber geschlagen hat dich nur der Vater.

PAUL Was?

KURT Ich kanns mir schon vorstellen.

VATER Was kannst du dir vorstellen?

PAUL Gar nix kannst du dir vorstellen. Kann der nicht mal rausgehen?

OLGA Warum?

KURT Weil er sich schämt, wenn ich dabei steh und auf sein eingemachtes Auge glotze.

VATER Ruhig jetzt. Paul.

PAUL Ja.

VATER Willst du was trinken?

PAUL Ja.

[...]

(Kurt liest ein Buch. Olga schaut ihm lange zu.)

OLGA Was liest du? *(Kurt liest.)* Was liest du?

(Kurt hält kurz das Buch nach oben, senkt es aber sofort wieder. Olga hat nichts sehen können.) Ist das gut?

KURT Still. Ich will nichts hörn. Ich muss das lesen.

OLGA Darf ich zuschaun wenigstens?

KURT Da gibts nichts zu sehen.

MUTTER Irgendwann muss das passiert sein. Ich weiß zwar nicht mehr genau, wann das gewesen ist, aber ich weiß, dass es nicht schleichend ging. Eher, als ob plötzlich eine Klappe runtergefallen wär. In seinen Augen hat man das sehen können, diese Veränderung. Das war dann plötzlich zu. Klappe runter.

VATER Der sitzt schon wieder so da.

MUTTER Da kannst du nix machen. Wenn der seine Laune hat.

VATER Kurt. Beweg dich mal.

KURT Nein.

VATER Ein bisschen musst du dich schon bewegen.

KURT Gar nix muss ich.

VATER Alle Jungens in deinem Alter spielen Fußball.

KURT Sag nicht Jungens.

VATER Wir nehmen einen Ball, und –

KURT Wir nehmen keinen Ball. Und wir gehen auch auf keine Wiese und treten dort den Ball hin und her, wie zwei Idioten.

VATER Ich bin kein Idiot. *(Kurzes Schweigen)* Wir können auch was andres machen.

KURT Ja. Ich bleib hier sitzen, und du gehst woanders hin. Das wär so was andres.

MUTTER An dem verschwendest du deine Vaterqualitäten.

KURT Geh doch du mit ihm kicken.

VATER Red deine Mutter nicht so frech an. Als ob ich jemanden zum Fußballspielen bräuchte. Als ob es eine Gnade wäre von dir, wenn du mit mir spielen tätst. Aber da irrst du dich, mein Lieber. Das war das letzte Mal, dass ich dir so ein Angebot mache.

KURT Dann spielst du in Zukunft allein Fußball. Wie die andern Jungens in deinem Alter.

OLGA Jetzt ist es wieder da, dieses Gefühl in mir drin, als ob da ein totes Tier eingerollt liegt. Wie eine kalte Leiche hat das immer auf mir gelegen und hat mich schwer gemacht. Der Paul hatte schon eine andere Geschwindigkeit. Aber das denk ich nur jetzt, wo diese Lähmung wieder über mir zusammenklappt.

KURT *(Zitiert, auswendig oder aus dem Buch.)* Die Welt entsteht aus dem Feuer und löst sich wieder in Feuer auf, in bestimmten Perioden, in stetem Wechsel, in alle Ewigkeit.

KURT Heul nicht.

OLGA Es ist so einsam.

KURT Du hast mich. Ich kann dir alles geben.

OLGA Du bist auch nur ein kleiner Männerleib.

KURT *(Zeigt eine Schnapsflasche.)* Ich hab das hier mitgebracht. Wir wollen unser Hirn auswechseln.

OLGA Nein. Nicht wieder.

KURT Ich hab den Krampf im Kopf. Den muss ich auslösen. Im Alkohol. Trink du zuerst.

OLGA Aber ich muss nicht.

KURT Doch musst du. Du bist krank.

[...]

OLGA Ich weiß nicht, wo ich hin soll. Stunden steh ich vor dem Spiegel und möcht mir das Gesicht ausreißen, weil ich mich nicht ganz sehen kann. Mein Kinn von unten, hinten die Stelle am Kopf, wo der Zopf rauswächst. Ich dreh mich und verzerr mich und nehme zwei Spiegel, aber ich seh mich nur in Stücken. Manchmal erkenne ich mich mitten auf der Kreuzung. Jemand, eine Frau, die genauso aussieht wie ich. Ich glotze mich an,

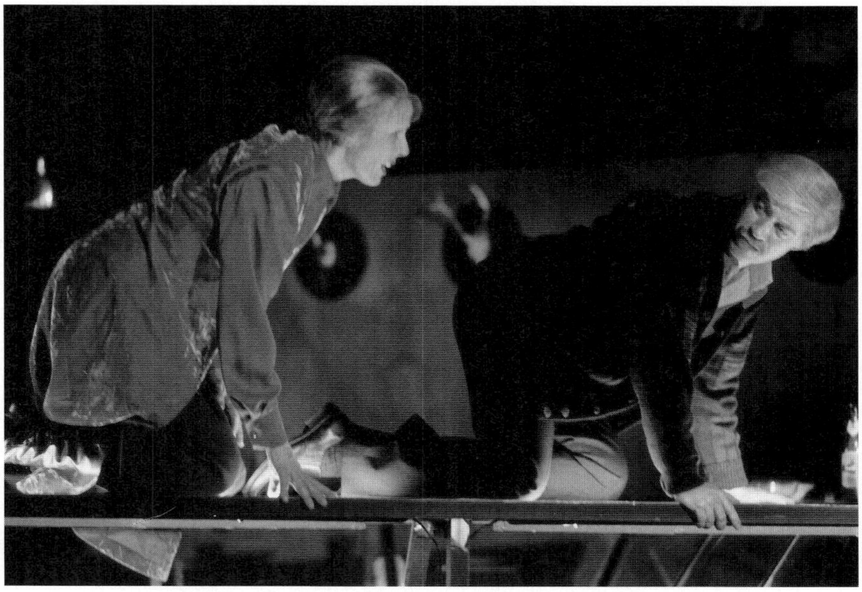

Szenenfoto aus: Feuergesicht. Inszenierung des Theaters Nürnberg

mit verschwommenen Augen, bis ich fast würgen muss. Manchmal winke ich ihr zu und schau in diesen fremden Blick, der mich verängstigt anstarrt. Ich sehe aus wie alle Leute. Es gibt mich mindestens doppelt in dieser Stadt.

OLGA Wo gehst du hin?

KURT Weg.

OLGA Du sagst mir nicht, wo du hingehst?

KURT Nein.

OLGA Kommst du wieder?

KURT Ja.

OLGA Nimm mich mit.

KURT Nein.

VATER Du darfst das nicht zu schwer nehmen. Das geht vorbei. Es ist eine Phase. Wir haben nämlich mit einem Arzt geredet, es gibt solche Phasen.

PAUL Ich komme jedenfalls nicht vor, in dieser Phase.

MUTTER Du bist selbst schuld, du hast sie da hingebracht, in diese Phase, dass sie so spinnert geworden ist, und jetzt sitzt du da und jammerst uns was.

VATER Lass mal. Wo er schon mal da ist. Du hast doch sonst einen guten Einfluss gehabt bei ihr.

PAUL Weiß nicht.

VATER Komm nur immer wieder her, dann wird die schon weich.

PAUL Nichts wird weich, das sag ich euch, solang die mit diesem Kurt dort oben sitzt, wird da nichts weich. Da wird alles hart, und zwar betonhart, das sieht man, schon von weitem sieht man das.

MUTTER Das ist ein Depp.

VATER Und wenn er ein Depp ist. Wenn man die beiden irgendwie auseinander kriegen will, muss man notfalls auch einen Depp nehmen. Und so ein Depp ist er nicht.

MUTTER Der kriegt die zwei nicht auseinander.

VATER Wer dann? *(Die Mutter zuckt die Achseln.)* Und auf die Dauer ist so ein Mann was anderes als ein ewig pubertierender Bruder.

MUTTER Was weiß ich. Gar nichts weiß ich mehr, ich bin müde.

KURT Ihr macht euch alle eine falsche Vorstellung vom Leben. Der Mensch ist ein Gerät. Es wird ein Kraftstoff verbrannt, und es bewegt sich. Dabei entsteht Hitze. Solange einer noch verbrennt, lebt er. Ein Toter ist kalt, da brennt nichts mehr. Hitze, Feuer, das ist das Prinzip, das ist biologisch. Es ist nicht so, wie ihr denkt. Ihr seht euch nur im Verhältnis zu anderen, anders seht ihr nichts. Ihr wollt euch abspiegeln von den anderen und denkt, dass ihr dann was zu sehen kriegt von euch selbst und dass ihr dann vorhanden seid. Was alles Mist ist. Ihr seht nur die andern. Ihr verschwindet. Ihr verdünnt euch, bis ihr weg seid, und wer die andern sind. Das ist der Fehler, dass ihr denkt, das muss so sein. Man muss sich rauskappen aus der Verbindung und einzeln werden, raus mit den fremden Gedanken und alles dicht machen, nach außen keine Fühler mehr, nur noch Waffen, wie eine Qualle, blind und zu, und wer sich nähert, wird verbrannt, ohne Wut. Mund zu, Ohren zu und tun.

OLGA Ich weiß, dass dus warst.

KURT Was war ich?

OLGA Dass die Kirche abgebrannt ist. Das warst du.

KURT Warum?

[...]

OLGA [...] und der Kurt schmeißt, und ich schau, wie das stiebt und platzt, wenn die Flaschen aufknallen, und die Feuerwolken brüllen hoch, und ein heißer Wind fährt mir über die Augen, ich will nicht mehr weg, ich höre, dass ich immer noch schreie, und ich schmeiß noch, ohne was zu sehen, eine Flasche und lache, und ich spür die Hitze auf meinem Gesicht und in meinen Haaren, da nimmt er meinen Kopf in seine Hände und schaut ganz fürchterlich hinein in mein Gesicht und beißt mich in den Mund und überall hin in meine Haut, und ich kichere noch einmal leise und denke, jetzt bin ich hier, endlich hier. [...]

[...]

KURT *(Zitiert.)* Es wird ein Gericht stattfinden durch das Feuer, über die Welt und alle Dinge, die in ihr sind. Das Feuer hat Vernunft und regiert alle Dinge. Das Feuer wird herankommen und alles erfassen und richten. Ich will mich hinsetzen.

PAUL Von den Brandstiftungen hab ich reden gehört, und man hats auch sehen können und sogar riechen, den Rauch. Das war mir sofort klar, wie ich dagestanden hab mit dem Müllsack voll Asche, und das sind meine Sachen gewesen, da war mir klar, die Häuser, das ist auch der Kurt gewesen mit der Olga. Und ich hab zu den Eltern gesagt, riecht das nach Benzin bei euch, mehr nicht, der Rest ist von allein passiert. Ich hab auch gewusst, dass sie die Häuser zusammen angesteckt haben. Die Olga hat so gefunkelt mit den Augen und gezittert, am liebsten hätte sies mir ins Gesicht geschrien, dass sie das war. Ich habs gewusst, dass sie auch dabei war, und nicht nur der Kurt. Aber gesagt hab ich nicht.

OLGA Sag was.

KURT Ich mag nicht reden.

OLGA Es ist so still.

KURT Das musst du aushalten.

OLGA Das ist das Schlimmste: Wenn sie alle schlafen. Dann hör ich mein eigenes Blut im Kopf rauschen. Lieber ist es mir, sie reden. Wenn sie sich streiten, ist es gut. Jetzt, wo es so still ist, krieg ich Angst zu schlafen. Sie könnten dann im Zimmer sein. Ich mach die Augen zu: klapp links, klapp rechts, gehn die Türen vom Schrank auf, und die stehn drin, links und rechts in unsern Kleidern, im Dunkeln, mit weißen Augen, und schauen ganz nah.

OLGA Was machen wir jetzt?

KURT Nichts. Wir machen die Tür zu.

OLGA Es ist so still im Haus.

KURT Es ist nicht anders als vorher.

OLGA Etwas ist schon anders.

KURT Sie waren schon vorher tot. Jetzt bleiben sie liegen und sickern in ihre Matratzen. Kaum ein Unterschied.

OLGA Das Quietschen auf den Dielen fällt weg, wenn sie nachts aufs Klo schleichen.

KURT Das hat es nie gegeben.

OLGA Und ihr Reden, wenn sie essen, wenn sie versuchen, uns was zu sagen. Das fällt jetzt weg.

KURT Hat es nie gegeben. Schon lang nicht mehr, und ich hatte es schon vergessen. Bald weißt du auch nichts mehr davon.

OLGA *(Spricht im Schlaf.)* Sie geht nicht tot. Du hast sie nicht gut getroffen. Du kannst jetzt nicht aufhörn, du musst sie ganz hinmachen. Sie soll aufhörn zu schreien. Mach. Du kriegst sie nicht tot. Die bewegt sich noch. Die zuckt noch. Einmal zart und zweimal hart.

(Es klingelt.)

Szenenfoto aus: Feuergesicht. Inszenierung des Theaters Nürnberg

Marius von Mayenburg: Feuergesicht (1997). Henschel Schauspiel Theaterverlag, Berlin, zitiert nach: Theater heute 5/98, S. 57–64

1. Fassen Sie zusammen, womit das Schauspiel *Feuergesicht* junge Menschen konfrontiert.
2. Das Schauspiel *Feuergesicht* ist als Einakter angelegt und unterscheidet sich durch die unvermittelte Verknüpfung der Kurzszenen von traditionellen Stücken. Grenzen Sie die Puzzleszenen voneinander ab und ermitteln Sie Handlungszeit und Handlungsort. Beschreiben Sie die Folge der verschiedenen Szenen.
3. Zeichnen Sie die Spirale der Gewalt nach. Lassen sich die Motive und Verhaltensweisen der Figuren aus ihrer sozialen Welt herleiten? Unterscheiden Sie die Beziehungen zwischen Eltern und Kindern, Erwachsenen und Jugendlichen, Bruder und Schwester oder Mann und Frau.
4. Beschreiben Sie die Rollenprofile und charakterisieren Sie ausgewählte Figuren aus der Perspektive einer anderen Figur.
5. Bestimmen Sie die Leitmotive des Textes von Mayenburgs und erläutern Sie die Faszination des Feuers auf die Geschwister.

Marius von Mayenburg: Leicht entflammbares Material (1998)

[...] Menschen sind leicht entflammbares Material. Haben sie einmal Feuer gefangen, sind sie schwer zu löschen. Verbrannt ist alles ganz und gar; das arme Kind mit Haut und Haar; ein Häuflein Asche blieb allein und beide Schuh, so hübsch und fein. Und Minz und Maunz, die Kleinen, die sitzen da und weinen, miau, mio, miau, mio, wo sind die armen Eltern, wo? Und er lacht, und die Ärzte schreiben nach einigen Jahren in ihre Unterlagen, er liest und ist in der Lage, das Gelesene sich anzueigenen. Sein Interesse gilt vor allem feuerspezifischen Texten. Inwieweit hierbei allerdings eine Reflexion der eigenen pyromanischen Problematik stattfindet, bleibt fraglich. Er schaut mit seinem Auge durch das Fenster auf die Dächer und zündet sich eine Zigarette an.

Marius von Mayenburg: Menschen sind leicht entflammbares Material (1998). In: Schauspielhaus Magazin Nr. 20 (1998), hrsg. vom Deutschen Schauspielhaus Hamburg

Bill Viola: The Crossing (1996, video/sound installation)

1. „So lange einer noch verbrennt, lebt er."
Diskutieren Sie Kurts Aussage und beziehen Sie Marius von Mayenburgs Text sowie die Installation von Bill Viola in Ihre Überlegungen ein.

Franz Wille: Als alles anfing (1999)

Bald wird niemand mehr groß darüber berichten, weil es so alltäglich geworden ist. Neulich sind schon wieder ein paar bis an die Zähne bewaffnete Milchgesichter in ihre Schule spaziert, haben am Eingang die ersten Klassenkameraden per Genickschuss niedergestreckt, um dann in der Cafeteria ein Mittags-Massaker anzurichten und auf dem Nachhauseweg möglichst noch das Lehrerzimmer samt Inhalt in die Luft zu jagen. Spätestens zu den Abendnachrichten tritt dann regelmäßig ein fassungsloser Reporter vor die Kamera, gibt aus blassgrünem Gesicht den gerade aktuellen Stand an Toten und Verletzten bekannt, um im letzten Satz seines 20-Sekunden-Takes erschüttert festzustellen, dass sich eigentlich niemand so recht erklären könne, weshalb das alles geschehen sei. Beim letzten derartigen Vorfall in Littleton, Colorado, alliterierte die gerade begründungspflichtige RTL-Fachkraft um 19 Uhr nahe am Buchstabenwahnsinn, die Täter seien „verwirrt, verwöhnt und verstört" gewesen. Genausogut hätte sie sagen können: verliebt, verlobt, verheiratet. Oder verpickelt, verfettet und verklemmt. – Aber, verflixt, warum bringen eigentlich hochzivilisierte Jugendliche mit Internet-Anschluss, eigenem PKW und im Vollbesitz zeitgenössischer Jugend-Kulturen einander um wie die Fliegen?

Franz Wille: Als alles anfing.
In: Theater heute 6/99, S. 6

1 Gibt das Schauspiel *Feuergesicht* eine Antwort auf die Fragen, die Franz Wille in seiner Rezension der Hamburger Aufführung des Stücks aufwirft?

2 Verfassen Sie eine Hinführung zu diesem Theaterstück für ein Programmheft, das sich an Schülerinnen und Schüler der Oberstufe richtet.

4.3 Das Theater als therapeutische Anstalt

Urs Widmer: Top Dogs (1997)

1. Gipfelkonferenz

[…]
WRAGE *energisch auftretend* Herr Deér! Sie sind also Herr Deér! Wrage.
DEÉR Guten Tag, Frau Wrage.
WRAGE Ich bin Beraterin der NCC, „New Challenge Company". Sie haben sich für die erste Begegnung just unser wöchentliches informelles Treffen ausgesucht. Gut. Sehr gut. Wir nennen das die Gipfelkonferenz. Es gibt Gipfeli für alle, Sie verstehen. Gipfelkonferenz.
DEÉR Sehr gut!

Heiterkeit. Allerdings versteht Deér nur Bahnhof

WRAGE Bedienen Sie sich. Es gibt auch Kaffee.
DEÉR Danke. Die oberste Etage hat mich gebeten, mit Ihnen Kontakt aufzunehmen. Wir hatten ein ausführliches Gespräch. War gut und intensiv. Doch. Haben nochmals die ganzen Probleme durchgesprochen, wie mein Arbeitsbereich im Catering genauer definiert werden könnte. Und ich soll mich hei Ihnen kundig machen, inwieweit irgendein Synergieeffekt zwischen meiner und Ihrer Arbeit

Urs Widmer

Urs Widmer, geboren 1938 in Basel, studierte Germanistik, Romanistik und Geschichte in Basel, Montpellier und Paris. Nach seiner Promotion lebte er von 1967 bis 1984 in Frankfurt und gehörte zu den Gründern des Verlag der Autoren. Urs Widmer verfasst Romane, Essays, Theaterstücke und Gedichte. Sein Theaterstück *Top Dogs* wurde 1997 zum Stück des Jahres gewählt.

Urs Widmer wurde mit zahlreichen Preisen ausgezeichnet und erhielt 1997 den Dramatiker-Preis, Mühlheim. Heute lebt Widmer als freier Schriftsteller in der Schweiz.

In seinem **Theaterstück *Top Dogs*** setzt sich Urs Widmer mit dem größten sozialen Problem der Zeit auseinander, der Arbeitslosigkeit. Widmer lässt aber nicht underdogs, die das Los der „Freistellung“ trifft, auftreten, sondern zeigt Manager, workaholics der Wirtschaftswelt, deren frühere Entscheidungen sie nun selbst erreichen. In einem Outplacement-Büro finden sich die Top Dogs ein, um ihre ungewohnte Situation in Rollenspielen, Traumdeutungen und therapeutischen Gesprächen zu verarbeiten. Spätere berufliche Reintegration bleibt das Ziel.

herstellbar ist.

WRAGE Nun, im Groben wissen Sie natürlich Bescheid.

DEÉR Sehr im Groben. Sie müssen mir das mal ganz genau erklären. Das mit Ihrer NCC lag am Schluss plötzlich auf dem Tisch, ziemlich abrupt.

WRAGE Deswegen sind Sie ja da, klar.

DEÉR Ich sage meinen Mitarbeitern immer: Sie müssen mit der Lupe hinschauen. Der Teufel steckt im Detail. Und daran halte ich mich natürlich auch selbst.

WRAGE Herr Deér, die NCC ist eins der größten Outplacement-Unternehmen am Markt, Lizenzträger der „Myer Myer Boswell“ in New York. Das sichert uns einen Marktvorsprung im Know-how und, wichtiger noch, eine einzigartige internationale Vernetzung.

DEÉR Verstehe.

WRAGE Wir haben Partner in zweiundzwanzig Ländern und können unsere Klienten ALL OVER THE WORLD vermitteln. Nach allen Ländern der EU, Kenia, Mexiko, Japan. JUST NAME IT.

DEÉR Aha.

WRAGE Was alle Damen und Herren hier verbindet: Sie sind vom Verlust ihres Arbeitsplatzes betroffen und erwarten von uns eine optimale Unterstützung bei ihrer Karrierefortsetzung in einem anderen Unternehmen.

DEÉR *nimmt die anderen wie neu wahr; als hätten sie die Lepra* Die da, die stehen alle auf der Straße?

WRAGE Hier ist jeder in der gleichen Lage.

DEÉR Ja. Das kommt jetzt immer häufiger vor.

WRAGE Sehr gut! Was leistet unsere Organisation, und wie leistet sie es? Als wir vor zehn Jahren hier in der Schweiz unsere Tätigkeit aufnahmen, waren wir ein Nischenprodukt in einer intakten Arbeitswelt. Zwar war die Hochkonjunktur am Abklingen, darum ja unsere Anstrengungen, uns auch am Schweizer Markt zu positionieren, aber in den Köpfen des mittleren und höhern Kaders gab es noch kaum irgendwelche Gedanken an einen möglichen Verlust des Arbeitsplatzes.

DEÉR Ja, ja. Wir restrukturieren ja auch massiv. Grad nochmals tausendzweihundert Stellen abgebaut. Aber nicht in meinem Bereich. Das Catering ist stabil.

WRAGE Ja.

DEÉR Einzelne Fluktuationen allenfalls.

WRAGE Gut. – 1986 vermittelten wir ganze fünfzehn Herren! Waren bereits zwei Damen unter den Herren. *Kleine Heiterkeit.* Heute haben wir mehr als neunhundert Klientinnen und Klienten per annum, und wir haben unsre Tätigkeit auch auf nicht deutlich qualifizierte Arbeitsplätze aus dem untern Segment ausgedehnt. Wir bieten jetzt dreitägige Crash-Programme in Gruppen an, für eine erfolgreiche berufliche Neuorientierung auch im LOW-SALARY-Bereich.

DEÉR Die da?

WRAGE Nein, nein. Die Damen und Herren haben alle der Leitungsebene angehört. „Top Dogs“. Ihre Preisklasse, wenn ich das mal so flapsig sagen darf. Unser Kerngeschäft bleibt: die intensive Arbeit mit Klienten wie Ihnen *Deér versteht „wie ihnen“, das heißt wie mit denen da, nickt anteilnehmend.* Wir führen sogar das SENIOR-EXECUTIVE-PROGRAMM, das von Konzernchefs in Anspruch genommen wird. Stellenlos gewordene Persönlichkeiten der Führungsspitze.

DEÉR Musste ja selber Mitarbeiter entlassen. Als wir das Catering auslagerten, neunzehnzweiundneunzig, haben wir mehr als tausend Stellen abgebaut. Gute Leute, waren zum Teil seit Jahren dabei gewesen. Ist ein menschliches Problem, so was. Andererseits, im Kader, das ist einfach im Anforderungsprofil, so was wegstecken zu können.

WRAGE Ich muss sagen, Herr Deér. CHAPEAU! Aber eigentlich schüttelt es jeden. *Pause.* Entscheidend für unsre erfolgreiche Arbeit ist, dass diese immer und in jedem Fall vom ehemaligen Arbeitgeber finanziert wird. Dabei berechnen wir ganz bewusst eine Pauschale und nicht etwa ein Honorar, das sich nach der Vermittlungsdauer richtet. Denn so haben auch WIR ein vitales Interesse daran, unsere Klienten schnell zu platzieren. Und optimal. Wir garantieren, sie ins Programm zurückzunehmen, wenn es mit dem neuen Arbeitgeber innerhalb eines Jahres zu Unstimmigkeiten kommen sollte.

DEÉR *vertraulich* Denen da geb ich keine Chance. Zu alt, zu unbeweglich, zu teuer.

WRAGE Sagen Sie das nicht. Wir hatten einen Herrn, Mitte fünfzig, der tauchte fünfmal wieder hier auf. Zuerst dachten wir, es liege an uns. Dann, dass es doch an ihm liegen könnte. Aber nein. Heute ist er Direktor eines führenden Touristikunternehmens und verbringt die meiste Zeit an sonnenüberfluteten Sandstränden. *Heiterkeit.*

DEÉR Ist bei mir nicht drin, Ferien. Bin ja ursprünglich Maschineningenieur. Workaholic. Dass ich bei der Swissair gelandet bin, an der Front zuerst, dann im Catering, hat sicher damit zu tun. Sechzehnstundentage.
Wer beim Catering dabei sein will, muss Tag und Nacht am Ball sein. „Lead, follow or get out of the way", nicht wahr. *Lacht.*

WRAGE Gut. Wie im Konkreten läuft also unsre gemeinsame Arbeit ab? Wir stellen unsern Klienten hier eine Infrastruktur zur Verfügung, ähnlich der, die sie von ihrem frühern Arbeitgeber her gewöhnt sind. Computer, Fax, Telefon, Sekretariat für alle Schreibarbeiten, Fachliteratur, Kaffeemaschine und und und. Stellensuche ist ein Full-time-Job. Das werden Sie bald feststellen.

DEÉR Ja, sicher. *Schweigen.* Kann ich mir vorstellen. *Schweigen.* Wieso werde ich das bald feststellen?

WRAGE Ja was denken Sie, weshalb Sie hier sind, Herr Deér?

DEÉR Sagte ich Ihnen. Ich soll in Erfahrung bringen, inwieweit wir unsre Arbeitsbereiche füreinander nutzbar machen können.

WRAGE Wieso wohl zahlt Ihre Firma dreißigtausend Franken dafür?

DEÉR Wofür?

WRAGE Sie sind entlassen worden! Herr Deér! Entlassen!

DEÉR Ich??!

WRAGE Ja. Sie.

DEÉR Entlassen? – Hören Sie. Das hätte man mir gesagt.

WRAGE Man HAT es Ihnen gesagt!

DEÉR Wer? Wann?

WRAGE Sie haben es nicht gehört.

Szenenfoto aus: Theater Neumarkt Zürich: Top Dogs. Entstehung-Hintergründe-Materialien. Zürich 1997

Szenenfoto aus: Theater Neumarkt Zürich, Top Dogs. Entstehung-Hintergründe-Materialien. Zürich 1997

DEÉR Aber.

WRAGE Nicht verstanden.

DEÉR Aber das gibt es doch nicht, dass einer das nicht hört. Dass er entlassen worden ist.

WRAGE Doch. Oft. Kopf hoch, Herr Deér. Wir haben bis heute noch jeden Klienten vermittelt. Sozusagen jeden.

DEÉR Ich will Ihnen mal was sagen, liebe Frau Wrage. Natürlich hat sich die Swissair verändert in den knapp dreißig Jahren, die ich nun mal dabei bin. Ich sehe auch, was bei der Swissair läuft. Was wollen Sie? Eine Airline muss international kompetitiv sein, ohne Heimatsentimentalität. Aber, Frau Wrage! Für uns langjährige Mitarbeiter ist die Swissair trotzdem so was wie die Schweiz selber. Immer noch. Kennen Sie das nicht, das Herzklopfen, wenn Sie in Bangkok plötzlich das Schweizerkreuz auf dem Flugfeld sehen? Die Swissair, das sind wir. Sie und ich. Das ist wie ein Körper. Ich bin die Hand oder das Bein, das können Sie nicht einfach so wegamputieren. Wer bei der Swissair ist, der ist daheim. Der arbeitet zu Hause, im eigenen Haus, für das Land, für uns alle. Wir sind eine Familie. Wir gehören alle zusammen. Auch wenn das Catering jetzt ein autonomer Bereich ist, wir sind Swissair-Männer und -Frauen. Einer wie ich ist bei der Swissair sein Leben lang. Sie können ja auch nicht sagen, der Vater, die Mutter, die Geschwister, die sind jetzt nicht mehr meine Familie. Die sind Ihr Schicksal.

WRAGE Herr Deér. Jede Entlassung ist auch eine Chance. Sag ich den Damen und Herrn hier auch immer wieder.

DEÉR Im Guten wie im Bösen.

WRAGE Die Unternehmen entlassen nicht nur, sie suchen auch. Verzweifelt! Mit der Lupe oft! Leistungsorientierte, flexible und belastbare Mitarbeiter. Mobil. Begeisterungsfähig. Wie Sie, Herr Deér. Wie ein jeder und eine jede hier.

DEÉR Als ich anfing, flogen wir noch mit der Constellation. Wir waren Jahr für Jahr die airline number one. In meiner Zeit wurden die Destinationen nach Afrika und Fernost massiv ausgebaut.

WRAGE Jetzt müssen wir das Vertrauen entwickeln, dass es für Sie in dem Maße leichter wird, Ihre Karrierefortsetzung erfolgreich zu gestalten, wie Sie sich durch den emotionalen Prozess der Enttäuschungsverarbeitung durcharbeiten. Verstehen wir uns, Herr Deér?

DEÉR Natürlich verstehen wir uns, Frau Wrage. Ich habe damals die Reorganisation im Catering selber maßgeblich begleitet. War sogar meine Initiative, kann man in gewisser Weise so sagen. Mir war klar, dass wir HIER schwarze Zahlen schreiben konnten, anders als im reinen Flugbetrieb. Heute sind wir grundsolide. Das ist nicht wie bei der Mutter.

WRAGE Sie müssen jetzt zu Ihren ureigensten Gefühlen finden, Herr Deér.

DEÉR Tu ich, tu ich. Ich habe damals auch durchgedrückt, dass wir eine Arbeitsbereichsanalyse gemacht haben, Büro in London, Top-Adresse. Hatten dann allerdings wenig Ahnung von den spezifischen Anforderungen hier in der Schweiz. Die haben manchmal mit mir geredet, als ob ich den ganzen Tag nur die Gabeln und Löffeln zählen würde, die Löffel und Gabel, meine ich, die Teller und Tasser. Tassen.

WRAGE Herr Deér. Ich verstehe Ihre Erregung sehr gut.

DEÉR *erregt* Ich bin nicht erregt! Ich bin völlig cool! Der Catering-Bereich setzt im Jahr mehr als eine Million Mahlzeiten um, worldwide. Wir beliefern siebenunddreißig Airlines, von der Singapore bis zur Edelweiss.

WRAGE Sie sehen ja selbst, wie Sie das emotional involviert.

DEÉR Catering ist ein hochsensibler Bereich. Ich weiß nicht, ob Sie das wirklich überblicken, liebe Frau Wrage. Ich MUSS nicht mit Ihnen zusammenarbeiten.

WRAGE Natürlich müssen Sie das nicht, ...

DEÉR ... Da gibt es Dutzende von Firmen wie Ihre, die würden mit Handkuss mit der Swissair zusammenarbeiten ... Mit Handkuss ... mit Handkuss ...

WRAGE ... aber überlegen Sie sich unüberlegte Schritte zweimal. Sie sind jetzt geschockt: Wir unterstützen Sie nicht nur logistisch, sondern auch psychologisch.

DEÉR Und wir haben riesige Zuwachsraten, wir sind in nur vier Jahren das drittgrößte Catering-Unternehmen der Welt geworden Alles lief problemlos. Und dann höre ich, dass sie einen SAS-Mann holen wollen. Exakt meine Qualifikation. Einkauf, auch er. Ohne mich in der Sache auch nur zu begrüßen Hab den sogar schon gesehen. In meinen Büro. Saß darin als sei's seins.

WRAGE Ist seins.

DEÉR Saß an meinem Schreibtisch! Füße drauf, im Stuhl zurückgelehnt, telefoniert dröhnend! Wie kommt der dazu?

WRAGE *heftig* Es ist sein Büro!

DEÉR *ebenso, Echo* Das ist mein Büro!

WRAGE Sie haben kein Büro mehr!

DEÉR Da könnten Sie Recht haben! Lange mach ich das nicht mehr mit! Nicht mehr lange!

WRAGE *wieder gefasst* Wir federn den Schock der Entlassung ab. Wir erfassen Ihre Persönlichkeitsstruktur auf Grund von umfangreichen Tests. Wir trainieren das Vorstellungsgespräch. Bis hin zum Erscheinungsbild des Probanden. Die Krawatte zum Beispiel.

DEÉR Wenn ich den Einkauf nicht mehr mache, wenn das diese Pfeife von der SAS macht, dann werden die ja sehen. Smörrebröd auf Fernostflügen. Sie werden sehen. Die haben doch keine Ahnung. Also mir ist das egal. Scheißegal. – Was für eine Krawatte?

Schweigen. Dann:

WRAGE Ihre Krawatte, Herr Deér. Nur zum Beispiel. *Jäh fällt uns auf dass die anderen Herren dynamische farbenleuchtende Krawatten tragen.* Ist in keinster Weise persönlich gemeint. Aber dieser Wimpel da signalisiert jedem Personalchef: Schiff in Not. Dabei sind wir nicht im Geringsten in Not, Herr Deér, nicht wahr. – Schenken Sie die, wenn Sie rausgehen, dem nächsten Obdachlosen. „Häsch mr e Schtutz?" – „Nei, aber e Krawatte." *Heiterkeit des Chors.* Und warten Sie mit dem Kauf einer neuen, bis unsere Beraterin Ihr Erscheinungsbild evaluiert hat – Noch Fragen?

DEÉR Haben Sie was gesagt?

WRAGE Wir fangen jetzt an, Herr Deér.

Urs Widmer: Top Dogs. Verlag der Autoren, Frankfurt am Main, 1997, S. 8–18

1 Klären Sie die Funktion des Outplacement-Centers und beschreiben Sie die Intentionen Frau WRAGES. Begründen Sie den Titel der Szene.

2 Beschreiben Sie den Verlauf des Dialogs.

3 Untersuchen Sie DEÉRs Aussagen und Reaktionen im Dialog: Welche Prinzipien der Wirtschaft und des Marktes prägen sein Denken und Sprechen? Welche Rolle weist er sich selbst zu?

4 Wählen Sie für die Figuren typische Aussagen und erproben Sie unterschiedliche Sprechweisen dieser Zitate.

Klaus J. Groth: Outplacement. Gefahr und Folgen des Lean Management (1995)

Über fünf Stufen der Gefühle führt der Weg, ehe die Kündigung akzeptiert und verarbeitet ist. Es ist keine Zeit der Kontinuität. Die Gefühle der Betroffenen sausen wie an einem Jo-Jo. Kaum oben angekommen, schießen sie wieder abwärts. Hoffnungslosigkeit und Zuversicht legen nahe beieinander. Durch diesen Irrgarten der Empfindungen muss nahezu jeder hindurch, gleichgültig, wie die erste Reaktion auf die Kündigung ausfiel.

Erste Stufe: *Leugnen.* Niemand will anfangs seine Kündigung wahrhaben. Die Fakten liegen zwar auf dem Tisch, die bitteren Worte sind gesprochen, aber in dem Betroffenen sträubt sich alles, sie an sich heranzulassen. Er redet sich ein, es müsse ein Irrtum vorliegen, denn ohne ihn als Leistungsträger ginge es schließlich nicht. Dies ist die Zeit der Familie und der Freunde.

Zweite Stufe: *Handeln um jeden Preis.* Möglichst schnell, möglichst sofort zurück an die Arbeit, das ist der Drang auf dieser zweiten Stufe. Der Schock der Kündigung steht dem Bewerber auf der Stirn Auch wenn er glaubt, absolut fit zu sein. Er ist es nicht. Irgend etwas verrät ihn Die Zeichen der Körpersprache lassen sich nicht unterdrücken.

Dritte Stufe: *Ärger.* Zweifel an Gott und der Welt drängen sich auf. Phasen tiefer Traurigkeit lösen sich ab mit Zeiten, in denen sich der Betroffene bedrängt und verfolgt fühlt. Seine Emotionen spielen verrückt. Ohne ersichtlichen Anlass verursacht er Streit. Die sprichwörtliche Fliege an der Wand genügt. Zielscheibe des Ärgers können ebenso die ehemalige Firma wie die Ehefrau oder die Kinder sein.

Vierte Stufe: *Depression.* Mit Sicherheit ist dies die schwierigste Phase. Mit jedem Tag wird die Bahn abschüssiger. Und es ist wieder einmal die Zeit der Freunde und der stabilen sozialen Bindungen. Auch wenn es schwer fällt, aus dem Mauseloch herauszukommen: Einladungen zum Essen müssen angenommen, Clubabende regelmäßig besucht werden. Die Kontakte dürfen nicht abreißen.

Fünfte Stufe: *Akzeptanz.* Erst wer die vorherigen vier Stufen genommen hat, wird die fünfte erreichen. Auf ihr finden er und die Welt langsam das Gleichgewicht wieder. Wer bereit ist, sich auch einmal negative Gefühle zu leisten, einmal nicht die richtigen Worte zu finden oder ganz einfach traurig zu sein, hat den entscheidenden Schritt zur Besserung gemacht.

Klaus J. Groth: Outplacement. Gefahr und Folgen des Lean Management. Müller Langen Herbig 1995, zitiert nach: Programmheft ‚TopDogs', Konzertdirektion Landgraf, Titisee-Neustadt, S. 9

■■ Vergleichen Sie DEERs Aussagen in der „Gipfelkonferenz" mit den „fünf Stufen der Gefühle" in dem Text von Groth.

Szenenfoto aus: Theater Neumarkt Zürich, Top Dogs. Entstehung-Hintergründe-Materialien. Zürich 1997

3. Die Schlacht der Wörter

Alle.
JENKINS/WRAGE Slump, slump, slump.
MÜLLER Management-buyout.
KRAUSE Break-even-point.
WRAGE Kreativität.
NEUENSCHWANDER Point-of-no-return
DEÉR Competition.
MÜLLER New-public-Management.
DEÉR Cash-flow.
JENKINS Unternehmensphilosophie.
WRAGE Firmenkultur.
NEUENSCHWANDER Anforderungsprofil.
MÜLLER Marketingstrategie.
KRAUSE Produktqualität.
TSCHUDI Einsatz.
MÜLLER Finanzrahmen.
DEÉR Revolution.
KRAUSE Umstrukturierung.
JENKINS Umsatzwachstum.
BIHLER Produktionsausstoß.
NEUENSCHWANDER Leistungsanreiz.
DEÉR Projektmanagement.
BIHLER Kostenkontrolle.
KRAUSE Motivation.
TSCHUDI Belastbarkeit.
WRAGE Kostenvorgabe.
KRAUSE Produkttraining.
DEÉR Investitionsstrategie.
NEUENSCHWANDER Marktabklärung.

BIHLER Mitarbeiterzufriedenheit.
WRAGE Optimierung.
MÜLLER Echtzeitdatenbank.
NEUENSCHWANDER Leistungsbeurteilung.
JENKINS Job-sharing.
NEUENSCHWANDER Karriereanker.
WRAGE Arbeitsmarktfähigkeit.
KRAUSE Hot-line.
JENKINS Job-Portfolio.
WRAGE Effizienzsteigerung.
MÜLLER Total quality management.
KRAUSE Business reengeneering.
DEÉR Lean Management.
TSCHUDI Review-Kultur.
WRAGE Emotionsorientierte Führung.
BIHLER Kostenoptimierung.
MÜLLER All-you-can-afford-Methode.
JENKINS Cash-cow.
MÜLLER Cross-Cultural-Management.
DEÉR Humankapital.
TSCHUDI Just-in-time-delivery.
JENKINS Reframing.
NEUENSCHWANDER Spill-over-effect.
TSCHUDI Leveraged-buyout.
MÜLLER Management by delegation.
DEÉR Optimum workforce mix.
KRAUSE Top-down-Management.
BIHLER Zero base budgeting.
JENKINS Social information processing approach.
KRAUSE Task-Force.
MÜLLER Technology assessment.
NEUENSCHWANDER Innovations-Management.
TSCHUDI Spin-off-Task-Force.
WRAGE Konzentrationsvision.
DEÉR High-cost-producer.
BIHLER Fringe benefits.
MÜLLER Downsizing.
KRAUSE Strong-buy.
NEUENSCHWANDER Outsourcing.
MÜLLER Business Process Reengeneering.
JENKINS Interaktives Entlohnungsdesign.
WRAGE Total-Quality-Programm.
JENKINS Outplacing.
KRAUSE Szenario-Management.
DEÉR Sustainable Development
WRAGE Management by love.
NEUENSCHWANDER Global Manager.
MÜLLER Corporate Identity.
KRAUSE Hot Groups.
JENKINS Rapid Prototyping.
WRAGE Recruitment.

Szenenfoto aus: Programmheft „Top Dogs“, Konzertdirektion Landgraf, Titisee-Neustadt, S. 9

TSCHUDI Kündigungskultur.
JENKINS Downward-mobility.
BIHLER Weltmarkt.
TSCHUDI Marktmacht.
DEÉR Ökoeffizienz.
BIHLER Konkurrenzdruck.
TSCHUDI Produkte-Pipeline.
BIHLER Pre-Marketing.
KRAUSE Risikostreuung.
NEUENSCHWANDER Management-buyin.
JENKINS Job description.
NEUENSCHWANDER Assessment.
JENKINS Quality Control.
NEUENSCHWANDER Consumer demand.
JENKINS Shareholder-Value.
WRAGE Kompetenz.
MÜLLER Früh-Indikatoren.
KRAUSE Output.
DEÉR Purchasing.
BIHLER Bonus.
DEÉR Leadership.
BIHLER Motivator.
TSCHUDI Sales Training.
BIHLER Joint-ventures.
MÜLLER Strategische Allianz.
WRAGE Risikobereitschaft.
MÜLLER Training-on-the-Job.
TSCHUDI Fringe benefits.
KRAUSE Promotion.
WRAGE Know-how.
JENKINS Buy.
TSCHUDI Hold.
NEUENSCHWANDER Sell.
DEÉR Down-side-risk.
MÜLLER Up-side-potential.
KRAUSE Return on Equity.
BIHLER Zeithorizont.
TSCHUDI Aufbruchstimmung.
BIHLER Aggressives Wachstum.
MÜLLER Change-Management.
WRAGE Mean-and-lean-Management.
KRAUSE Teamplayer.
NEUENSCHWANDER Rationalisierungsschub.
BIHLER Wertsteigerung.

Urs Widmer: Top Dogs, a. a. O., S. 24–29

Denotative Bedeutung:
Lexikonbedeutung, d. h. die konkrete und für die Mitglieder einer Sprachgemeinschaft verständliche Bedeutung eines Begriffs

Konnotative Bedeutung:
Assoziierte Bedeutung, d. h. die emotionale oder rationale Verknüpfung des Begriffs mit Vorstellungen, Erfahrungen oder Stimmungen

Rhetorische Mittel
Alliteration: Gleichklang des Anlauts
Assonanz: Gleichklang der Binnenvokale
Antithese: Entgegenstellung von Begriffen
Oxymoron: Verbindung zweier sich aus-schließender Vorstellungen
Euphemismus: Verharmlosung

1 Vergleichen Sie Szenenbilder und Theatertext. Erweckt die Körpersprache der Figuren den Eindruck einer „Schlacht“?

2 Untersuchen Sie einzelne Begriffe aus der Welt der Wirtschaft hinsichtlich ihrer Bildung, ihres Klanges und ihrer Bedeutung. In welcher Absicht werden Begriffe wie „Kündigungskultur“, „aggressives Wachstum“, „Humankapital“ oder „Konzentrationsvision“ verwendet?
Hinweis: Gehen Sie nach dem folgenden Schaubild vor und nehmen Sie die Texte in der Randspalte zur Hilfe.

Denotative Bedeutung:
...

„Kündigungs-Kultur“

Konnotative Bedeutungen:
- ...
- ...
- ...

intendierte Wirkung:
...

3 Versuchen Sie, die Anglizismen zu übersetzen. Lässt sich die Dominanz der englischen Begriffe begründen?

4 Erproben Sie unterschiedliche Sprechhaltungen, Intonationen und Sprechtempi, um die Szenenfotos zu versprachlichen. Lassen sich die Prinzipien des Marktes mit der Stimme ausdrücken?

5 Spielen Sie die Szene nach. Verwenden Sie in Ihrer szenischen Improvisation Gegenstände des Alltags, um die Prinzipien des Marktes in Sprache und Handlung zu veranschaulichen.

4.4 Medieninszenierungen als Show-Spiel

„Dramatik des Spiels“: gewürzt mit „schauspielerischen Einlagen“ , gespielt „für die Galerie“, dargeboten von „tragischen Helden“ und einer „launischen Diva“. Sport ist eng mit dem Theater und dem Drama verbunden; nicht zuletzt weisen beide Öffentlichkeitsereignisse zurück auf ihre gemeinsamen Ursprünge in der griechischen Antike, an die noch heute die enge Nachbarschaft antiker Stadien und Theater erinnert. „Wenn man ins Theater geht wie in die Kirche oder in den Gerichtssaal oder in die Schule, das ist schon falsch. Man muß ins Theater gehen wie zu einem Sportfest!“, fordert der Dramatiker Bertolt Brecht, wissend um die sprachlichen, metaphorischen und dramaturgischen **Parallelen zwischen dem Sport und dem Theater**, die besonders augenfällig im Fußball sind.

Sportstück I
„aufwühlende Dramatik“ – „mitreißendes Szenario“

1 Sammeln Sie sprachliche und metaphorische Beispiele für die wechselseitige Interpretation von Sport/Fußball und Theater/Drama.

2 Arrangieren Sie ein „Spiel der Wörter“, wobei Sie sich an der „Schlacht der Wörter“ Urs Widmers orientieren können.

Herbert Zimmermann: Reportage des Weltmeisterschaftsendspiel 1954

„Sechs Minuten noch im Wankdorfstadion in Bern – keiner wankt. Unaufhörlich prasselt der Regen hernieder, es ist schwer, aber die Zuschauer harren aus. Wie könnten sie auch? Eine Fußballweltmeisterschaft ist nur alle 4 Jahre. Und wann sieht man ein solches Endspiel? [...]
Bozsik, immer wieder Bozsik, der rechte Läufer der Ungarn hat den Ball – verloren, diesmal an Schäfer. Schäfer nach innen geflankt. Kopfball – abgewehrt. Aus dem Hintergrund müsste Rahn schießen.

Rahn schießt ... Toooor! Toooor! Toooor! Toooor! Drei zu zwei führt Deutschland fünf Minuten vor dem Spielende. Halten Sie mich für verrückt, halten Sie mich für übergeschnappt. Ich glaube, auch Fußball-Laien sollten ein Herz haben und sollten sich an der Begeisterung unserer Mannschaft und an unserer eigenen Begeisterung mitfreuen und sollten jetzt Daumen halten. Viereinhalb Minuten Daumen halten in Wankdorf. Drei zu zwei führt Deutschland nach dem Linksschuss von Rahn, der flach im linken Eck einschlug [...] Drei zu zwei für Ungarn – für Deutschland – ich bin auch schon verrückt, Entschuldigung! [...] Und die Ungarn, wie von der Tarantel gestochen, lauern die Puszta- Söhne, drehen jetzt den siebten oder zwölften Gang auf, und Kocsis flankt – Puskas abseits – Schuss – aber nein, kein Tor! Kein Tor! Kein Tor! Puskas abseits. [...] Fritz Walter zu Schäfer. Schäfer in Rechtsaußenposition. Könnte nach innen flanken. Schießt! Aber er schießt an das kurze Außennetz. Es gibt Abschlag vom Tor der Ungarn. Vielleicht lässt der Schiedsrichter auch nachspielen, wegen der einen oder zwei Verletzungen, die passiert sind. Die Ungarn sind völlig aus dem Häuschen. Deutschland ist wieder im Ballbesitz. Rahn hat den Ball bekommen. Rahn spielt zu Fritz Walter. Ball verfehlt. Puskas am Ball im Mittelkreis – aber Eckel springt dazwischen – hat abgewehrt. Die ganze deutsche Mannschaft setzt sich ein – mit letzter Kraft, mit letzter Konzentration. Ottmar Walter fällt hin. Boszik an zwei Deutschen vorbei – jetzt haben die Ungarn eine Chance – spielen ab zum rechten Flügel – Czibor – jetzt ein Schuss! Gehalten von Toni! Gehalten! [...] Die Ungarn erhalten einen Einwurf zugesprochen. Der ist ausgeführt – kommt zu Boszik – aus! Aus! Aus! Aus! Das Spiel ist aus! Deutschland ist Weltmeister, schlägt Ungarn mit drei zu zwo Toren im Finale in Bern."

1954 besiegte die deutsche Nationalmannschaft nach einem 0:2 Rückstand überraschend Ungarn mit 3:2 Toren und wurde erstmals Weltmeister. Dieser Sieg und die legendäre Reportage Herbert Zimmermanns setzten unglaubliche Gefühle frei und sind als **„Wunder von Bern"** bis heute im kollektiven Gedächtnis nahezu mythisch verankert.

Weltmeisterschaftsendspiel 1954 in Bern

1 Die Dramatik des Spiels findet ihren Widerhall in der Sprache des Reporters. Untersuchen Sie die sprachliche Vermittlung des dramatischen Spiels.

2 Vergleichen Sie den Spielverlauf mit der Dramaturgie des dramatischen Theaters. Lassen sich Parallelen aufzeigen? Welche Haltungen nehmen die deutschen und die ungarischen Zuschauer zum Spielverlauf ein?

3 „Bern war in mir, ich war Liebrich, ich war Weltmeister, der Beweis war die Reporterstimme", so berichtet der elfjährige Pfarrersohn in Friedrich Christian Delius' autobiographischer Erzählung *Der Sonntag, an dem ich Weltmeister wurde.* Erläutern Sie den Titel dieser Erzählung.

4 Die Wirkung dieses Fußballspiels ist bis heute ungebrochen. Welche Gründe können Sie hierfür anführen?

Referat: Friedrich Christian Delius' Erzählung *Der Sonntag, an dem ich Weltmeister wurde*

Sportstück II

„Erlebnis geht vor Ergebnis" (Michael Horeni, FAZ vom 23.05.2003) **oder „Das nächste Stück ist immer das schwerste."** (Bernhard Minetti)

Bernhard Minetti: deutscher Schauspieler und Regisseur

Foto des umgerissenen Tores beim Fußballspiel 1998, Real Madrid gegen Borussia Dortmund

Es ist ja nicht unüblich, dass bei einem Spiel von Real Madrid auf spektakuläre Art ein Tor fällt, aber damit hatte niemand rechnen können. Am 1. April 1998 sollte Real Madrid gegen Borussia Dortmund antreten. Doch kurz vor Anpfiff hatten Real-Fans ein Tor umgerissen. Hektisch versuchten Handwerker, das Gestänge aufzurichten, ohne Erfolg. Eine Absage drohte – bis ein Real-Fan mit seinem LKW zum Trainingsplatz fuhr, ein Tor auflud und von der Polizei begleitet zum Stadion zurückraste. Günther Jauch und Marcel Reif nutzten die Zeit zum Spontan-Dialog, für den die RTL-Leute später den Bayerischen Fernsehpreis erhielten. Die Zahl der Fernsehzuschauer während des „Prologs" war höher als während des eigentlichen Spiels; das Ergebnis geriet schnell in Vergessenheit.

Auszüge:

Reif: „Ich dachte, wir können hier ein bisschen Fußball gucken. Stattdessen kriegen wir einen Heimwerkerkurs. Ach, jetzt steht hier auch noch das Wasser, sind wir schon bis aufs Grundwasser gekommen?"
Jauch: „Danke an den Heimwerker und Hilfsdiplomingenieur Marcel Reif. Das erste Tor ist in der nullten Minute gefallen."
Reif: „Aber haben wir nicht früher, als ganz junger Mensch, auf ein Tor gespielt, und drei Ecken waren ein Elfer?"
Jauch: „Aber jetzt nimmer. Da merken sie, sie müssen selber Hand anlegen."
Reif: „Guck in der Mitte der!"
Jauch: „Wo?"
Reif: „Der mit der dunklen Krawatte. Der das Ganze leitet. Achtung, schau, jetzt. Bedenken, ich kann nur warnen."
Jauch: „Abwehrende Handbewegung!"
Reif: „Kommission einsetzen."
Jauch: „Wir brauchen unbedingt ein schnelles Tor."
Reif: „Das würde dem Spiel gut tun."

Text und Foto aus: DER TAGESSPIEGEL vom 13. 02. 2003

1 Erläutern Sie die einführenden Zitate Horenis und Minettis vor dem Hintergrund des Spielgeschehens.
2 Erklären Sie das Publikumsinteresse an dem fast 75minütigen Vorspiel angesichts des völligen Fehlens von Dramatik.
3 Verfassen Sie eine Begründung der Akademie für die Verleihung des Fernsehpreises.

Sportstück III

„Ein Mann braucht Vorbilder, die nicht von seinen schlechten Eltern sind, sondern allein von ihm. Oder von einem Phantom von ihm." (Elfriede Jelinek)

Elfriede Jelinek: Ein Sportstück (1998)

(Ein erleuchteter Heiligenschrein tut sich auf. Darin eine Art Pieta: Die alte Frau sitzt in altmodischer Unterwäsche, Combinaige, Gesundheitsschuhe, etc. auf einem Stuhl und hat den Leichnam ihres Sohnes Jesus, hier immer Andi genannt, der im Bodybuilderhöschen ist, auf ihren

Schoß gebreitet. Er kann aber auch als Säugling verkleidet sein, kann auch von einer Frau dargestellt werden, denn er soll irgendwie geschlechtslos wirken. Im Hintergrund, hell erleuchtet, ein Foto Arnold Schwarzeneggers, es können auch kurze Filmsequenzen mit ihm projiziert werden, immer wieder. Vor den beiden liegen Kränze mit Kranzschleifen, die aber schon halb verfault sind. Den folgenden Monolog Andis unterbricht die Frau immer wieder stereotyp mit den Worten: Hallo, wer spricht? Hallo, wer spricht! Man kann auch die beiden großen Monologe miteinander verschränken, je nach Lust und Liebe.)

ANDI: Hören Sie! Kaum habe ich mir die Hieroglyphe des Sports in meinen Körper eingravieren lassen, hat der Sport auch schon begonnen, meinen Körper, seinen lieben Wirt, ja den, mit den anheimelnden bunten Bildern vorm Haus!, von innen her aufzufressen. Der Sport hat aus mir Laufmeter Mensch gemacht, die sich, ihr eigener Teppich, immer wieder voranschleudern mussten, ins Ungewisse hinein. Und dort bin ich jetzt angelangt. Eins war mir immer gewiss: Das Ziel. Aber wo ist es jetzt? Ich seh immer schlechter! Nebel. Alles tut mir weh! Meine heimatlichen Almen sind mir längst über den Kopf gewachsen. Sie haben mich großes Kind zwar glücklich gemacht, aber das kuhartige Bleiben ist auf die Dauer nichts für mich. Bringt keinen Ertrag. Ist nicht zu ertragen. Diese Zufriedenheit, die von der Vernunft langsam, in vielen Arbeitsstunden, hergestellt wurde: mit einem Mal verwandelt sie sich in einen bissigen Hund und jagt uns aus dem stillen Haus, nun ade. Wo bin ich? Als Erstes musste ich natürlich meine Zufriedenheit zerstören, indem ich langsam, wie eine Flüssigkeit, in mir, dem einzigen Gefäß, das ich hatte, hochstieg, bis zum Rand. Und irgendwann einmal bin ich dann über mich hinausgewachsen, wer hätte es mir, dem armen Bauernbuben, zugetraut? Ich stelle mich nun meinem großen Vorbild, Arnie, zur Verfügung. Er nimmt mich als sein Kind und als sein Schüler an. Doch ihm nachbilden muss ich mich ganz allein. Der Arnie darf jetzt sein Gesicht behalten. Er darf sich der Welt als einer präsentieren, der sich selbst geschaffen hat. Aber was soll ich tun? Obwohl... mein Arnie hat früher einmal einen künstlichen Menschen sehr natürlich dargestellt. Da war er ein Fremder, der in einer Fabrik hergestellt worden ist. Natürlich in einer Übermenschenfabrik, die Unnatürliche herstellt. Ich selber bin natürlich immer natürlich geblieben. Was nützt es mir jetzt. Auch wir, normale Unsterbliche, bestimmen ja selbst, wer uns fremd bleiben soll und wer ein Gott werden darf. [...]

In meinem Körper ist Leistung gut aufgehoben, und zwar dermaßen gündlich, dass mein Körper außerhalb seiner Leistung gar nicht existieren darf. Abgesperrt und den Schlüssel weggeworfen! So war das zu meinen Lebzeiten [...] ich möchte werden wie Arnie, aber wie geht das? Denn der lebt ja noch! Ich lebe leider nicht mehr, doch ich gönne es ihm, dass er da stehen bleiben oder über die Leinwand rasen darf. So wie der heute wieder auf euren Bildschirmen herumgeht! Super! Ohne Fallschirm aus einem Flugzeug! Als wär er in der Luft zuhause. Ich war immer nur zuhause zuhause.

Elfriede Jelinek (1999)

Elfriede Jelinek wurde 1946 in Mürzzuschlag/Steiermark geboren. Berühmt wurde sie durch ihre Romane „Die Klavierspielerin" und „Lust". 1998 erhilet sie den bedeutendsten deutschen Literaturpreis, den Georg-Büchner-Preis. „Ein Sportstück" wurde, inszeniert von Einar Schleef, am Wiener Burgtheater uraufgeführt. Elfriede Jelinek lebt in Wien und München.

Elfriede Jelinek stellt in ihrem Stück ***Ein Sportstück*** Massenphänomene von heute bloß: den Sport, die Hooligans, die Bürgerkriege. Sieger und Besiegte im Sport wie im Krieg. Die Soldaten treten in Jeans und Basketballkappen auf, und die griechischen Chöre, adidas, Reebok oder Nike an den Füßen, geben dem Publikum die letzten Sportergebnisse bekannt.

Szenenfoto der Wiener Inszenierung (1988)

aus: Elfriede Jelinek: Ein Sportstück. rororo, Reinbek 1999, S. 88, 93, Zitat Überschrift: S. 100

1 In welcher Hinsicht empfindet Andi Arni als Vorbild? Warum möchte er wie Arnie werden?

2 Beantworten Sie die Frage der Frau in der Regieanweisung: „Hallo, wer spricht?“. Berücksichtigen Sie das Arrangement der Szene, das Szenenfoto sowie den Verlauf des Monologs.

3 Unterscheidet sich das Bild des Sports in Elfriede Jelineks *Sportstück* von dem der anderen „Sportstücke“?

4.5 Theaterzeichen des Postdramatischen

Der Frankfurter Theaterwissenschaftler **Hans-Thies Lehmann** beansprucht mit seiner Übersicht über die Entwicklung der „neuen szenischen Formen von den 60er Jahren bis heute“ eine Theorie des neuen Theaters vorzulegen. In seiner kontrovers diskutierten Darstellung des „Theaters nach dem Drama“ geht Lehmann von der These aus, dass sich moderne Theaterformen von der „Vorherrschaft des Textes“ lösen müssen, um die heutige Welt erfassen zu können.

Hans-Thies Lehmann: Postdramatisches Theater (1999)

Ganzheit, Illusion, Repräsentation von Welt sind dem „Modell“ Drama unterlegt. Umgekehrt behauptet dramatisches Theater durch seine Form Ganzheit als *Modell* des Realen. Dramatisches Theater endet, wenn diese Elemente nicht mehr das regulierende Prinzip, sondern nur mehr eine mögliche Variante der Theaterkunst darstellen.
[...]

Das Adjektiv „postdramatisch“ benennt ein Theater, das sich veranlasst sieht, jenseits des Dramas zu operieren, in einer Zeit „nach“ der Geltung des Paradigmas Drama im Theater. Nicht gemeint ist: abstrakte Negation, bloßes Wegsehen von der Drama-Tradition. „Nach“ dem Drama heißt, dass es als – wie immer geschwächte, abgewirtschaftete – Struktur des „normalen“ Theaters fortlebt: als Erwartung großer Teile seines Publikums, als Grundlage vieler seiner Darstellungsweisen, als quasi automatisch funktionierende Norm seiner Dramaturgie. [...] Auch das Präfix „post-“ im Begriff postmodern, wo er mehr als bloße Spielmarke ist, verweist darauf, dass eine Kultur oder Kunstpraxis aus dem zuvor selbstverständlich gültigen Horizont der Moderne heraustrat, aber noch in irgendeinem gearteten Bezug dazu steht – der Verneinung, der Kriegserklärung, der Befreiung, vielleicht auch nur der Abweichung und spielerischen Erkundung, was jenseits dieses Horizonts möglich sei. [...] Postdramatisches Theater schließt also die Gegenwart/die Wiederaufnahme/das Weiterwirken älterer Ästhetiken ein, auch solcher, die schon früher der dramatischen Idee auf der Ebene des Textes oder des Theaters den Abschied gegeben haben.

„Theaterzeichen“ des Postdramatischen Theaters

- *Im Theaterbegriff H.-T. Lehmanns nähert sich das postdramatische Theater einer **„Traumstruktur“**, für die die Gleichrangigkeit von „Bild, Bewegung und Wort“ wesentlich ist. Die „Traumgedanken“ des modernen Theaters bilden damit nicht mehr die „logisch strukturierten Abläufe der Ereignisse“ ab, sondern sie verweisen auf „eine Textur, die Collage, Montage und Fragment ähnelt“.*
- *Der Abschied von der Über- und Unterordnung szenischer Elemente zugunsten einer nicht eindeutigen Verknüpfung mindert die Verständlichkeit des Dargestellten und schafft produktive Verwirrung. Begünstigt wird dergestalt eine **„synästhetische Wahrnehmung“**, die „visuellen Qualitäten“ gleiche Bedeutung wie traditionellen, also der Sprache, der Sprechweise und der Gestik, zumisst.*
- *Konzentriert das dramatische Theater die Wahrnehmung des Zuschauers auf zentrale szenische Vorgänge, ermöglicht postdramatisches Theater die **„Erfahrung des Simultanen**, das den Wahrnehmungsapparat häufig – und wie man sagen muss: oft mit systematischer Absicht – überfordert“. Dem Zuschauer bietet sich im „Ausfall der Totalen“ die „befreiende Möglichkeit der Fortschreibung, Phantasie oder Rekombination“.*

16 Paradigma: mustergültiges, repräsentatives Beispiel
66 Synästhesie: Gleichzeitige Wahrnehmung verschiedener Sinnesimpulse
75 Simultaneität: Gleichzeitigkeit

• *Die Dominanz des Textes sieht H.-T. Lehmann im postdramatischen Theater zunehmend abgelöst von einer „Musikalisierung nicht allein der Sprache" und vor allem einer **„visuellen Dramaturgie"**,* die, *„von optischen Daten her definiert", „sich nicht dem Text unterordnet und ihre eigene Logik frei entfalten kann".*

• *Mit der „Entthronung" des Textes einher geht die „Entpsychologisierung" des postdramatischen Theaters. „Nicht als Träger von Sinn, sondern in seiner Physis und Gestikulation wird der Körper zum Zentrum." Die **Körperlichkeit** des modernen Theaters vereinnahmt alle sozialen Themen, die zu „Körperthemen" werden.*

Sprache als Ausstellungsobjekt

Das Prinzip der ***Ausstellung*** ergreift neben Körper, Gestik, Stimme auch das Sprachmaterial und greift die Darstellungsfunktion der Sprache an. Statt sprachlicher *Dar*-stellung von Sachverhalten eine „Stellung" von Lauten, Worten, Sätzen, Klängen, die kaum von einem „Sinn", sondern von der szenischen Komposition gelenkt werden, von einer visuellen, nicht textorientierten Dramaturgie. Der Bruch zwischen Sein und Bedeutung wirkt schockhaft: mit aller Dringlichkeit suggerierter Bedeutsamkeit wird etwas exponiert – lässt aber die erwartete Bedeutung dann nicht erkennen. Die Idee einer Ausstellung von Sprache scheint paradox. Dennoch hat man spätestens seit den Theatertexten Gertrude Steins das Exempel, wie Sprache durch Techniken der wiederholenden Variation, der Entkoppelung von unmittelbar einleuchtenden semantischen Verknüpfungen, durch Privilegierung formaler Arrangements nach syntaktischen oder musikalischen Prinzipien (Klangähnlichkeit, Alliteration, rhythmische Analogien) die immanente teleologische Sinnrichtung und Zeitlichkeit einbüßt und sich einem *ausgestellten Objekt* angleichen kann.

Sucht man einen Begriff, der die neuen Spielformen des Textes erfasst, so [...] [wählen wir] den Begriff ***Textlandschaft,*** weil er die Verknüpfung der postdramatischen Theatersprache mit den neuen Dramaturgien des Visuellen mitbenennt [...]. Text, Stimme und Geräusch verschmelzen in der Idee einer *Klanglandschaft* [...].

113 suggerieren: einreden, unterschiebe

114 exponieren: ausstellen, hervorheben

123 semantische Verknüpfung: Verknüpfung durch Bedeutung

126 syntaktische Prinzipien: Regeln des Satzbaus

129 teleologisch: auf einen Zweck ausgerichtet

aus: Hans-Thies Lehmann: Postdramatisches Theater. Verlag der Autoren, Frankfurt/M. 1999, S. 22, 30 f., 139-167, 266, 272 f. (teilweise zusammengefasst)

1 Stellen Sie in einer Tabelle Kennzeichen des dramatischen und des postdramatischen Theaters gegenüber.

2 Erläutern Sie Hans-Thies Lehmanns These, nach der sich ein moderner Theaterbegriff „vom Werk zum Ereignis, das mehrdimensional, raum-zeitlich, audiovisuell ist," verschiebt.

3 Veranschaulichen Sie den Begriff „Textlandschaft" am Beispiel der Szene *Schlacht der Wörter* aus Urs Widmers Stück *Top Dogs.*

4 Lassen sich in weiteren Theatertexten dieses Kapitels „Theaterzeichen" des postdramatischen Theaters im Sinne H.-T. Lehmanns aufzeigen?

5 Vergleichen Sie die Rolle des Zuschauers in beiden Theaterformen.

5. Kapitelübergreifende Aufgaben

1 Joseph von Westphalen behauptet in seinem Text „Die Lust an Inszenierungen": „Die ganze Welt ist eine Bühne". Welche Texte des Arbeitsheftes bestätigen Ihrer Meinung nach diese These?

2 Stellen Sie, der „Schlacht der Wörter" entsprechend (Kap.4, S. 72 f.) , eine „Schlacht der Wörter" aus charakteristischen Schlagwörtern des Kapitels zur Pop-Literatur zusammen und gestalten Sie daraus einen kleinen Bühnentext.

3 Suchen Sie in Kapitel 2 (Prosa) und Kapitel 3 (Lyrik) Beispiele für Anglizismen und erläutern Sie deren Bedeutung und Funktion im Text.

4 Vergleichen Sie Positionen, wie Sie die Pop-Autoren in *Tristesse Royale* vertreten, mit Auffassungen von Lyrikerinnen und Lyrikern im Kapitel 3. Arbeiten Sie mögliche Gemeinsamkeiten und Unterschiede heraus.

5 Welche literarischen Texte der Kapitel 3 und 4 haben Ihrer Meinung nach eine Nähe zur Pop-Literatur?

6 Zeigen Sie am Beispiel aller drei literarischer Gattungen,
a) welche Rolle das Thema Medien in der Literatur der neunziger Jahre spielt und
b) inwieweit die Literatur Techniken und Mittel der Medien übernimmt bzw. zitiert.

7 Diskutieren Sie an Beispielen aus allen drei literarischen Gattungen, welche Rolle politische und gesellschaftskritische Themen in der Literatur der neunziger Jahre spielen.

8 Für welche Texte des Arbeitsheftes würden Sie den Begriff „Textlandschaft" (H.-Th. Lehmann, vgl. S. 79) verwenden? Erläutern Sie Ihre Zuordnung.

9 Ein Stichwort für die Literatur der neunziger Jahre ist „Körperlichkeit" (H.-Th. Lehmann, vgl. S. 78). Suchen Sie entsprechende Beispiele aus der Pop-Literatur und aus der Lyrik.

10 Gibt es in der Literatur der neunziger Jahre „weibliche Schreibweisen"? Wie würden Sie den Begriff definieren? Welche Rolle spielt er Ihrer Meinung nach für die Texte der Autorinnen des Arbeitsheftes?

11 In Stuckrad-Barres *Day Off* kommt das Thema Langeweile zur Sprache. Suchen Sie weitere Beispiele dafür in den Texten des Arbeitsheftes und erläutern Sie die Bedeutung des Themas.

12 Schreiben Sie ein fiktives Gespräch über die Aufgabe von Literatur, an dem Sie die Autoren Stuckrad-Barre, Urs Widmer, Durs Grünbein sowie eine Autorin oder einen Autor Ihrer Wahl teilnehmen lassen.

Bildquellen

Cover: the agency ltd, London; **S. 2:** the agency ltd, London; Sahler, Düsseldorf; Rudolf Lichtsteiner, Welmlin- gen; The Estate of Keith Haring, New York; Volker Beinhorn, Bremen; FOCUS (Koni Nordmann), Hamburg; DPA (Gero Breloer), Hamburg; **S. 8:** ullsteinbild, Berlin; **S. 9:** DPA, Hamburg; **S. 10:** DPA (Erwin Elsner), Hamburg; **S. 14:** DPA (Uwe Zucchi), Hamburg; **S. 16:** Sahler, Düsseldorf; **S. 19:** Jens Neumann, Berlin; **S. 21:** Kiepenheuer & Witsch (Benjamin von Stuckrad Barre), Köln; **S. 22:** Kiepenheuer & Witsch (Benjamin von Stuckrad Barre), Köln; **S. 24:** DPA (Jörg Carstensen), Hamburg; **S. 30:** Peter Peitsch, Hamburg; **S. 35:** DPA (Erwin Elsner), Hamburg; **S. 39:** Rudolf Lichtsteiner, Welmlingen; **S. 42:** Peter Peitsch, Hamburg; **S. 45:** DPA (Rolf Haid), Hamburg; **S. 47:** the agency ltd, London; **S. 52:** The Estate of Keith Haring, New York; **S. 53:** DPA (Arne Dedert), Hamburg; **S. 54:** ullsteinbild (Paul Swiridoff); Berlin; **S. 56:** Klaus Lefebvre, Wetter; **S. 58:** Gerda Lepke, Dresden, VG Bild-Kunst, Bonn 2003; **S. 59:** Volker Beinhorn, Bremen; ullsteinbild, Berlin; **S. 60:** Peter Peitsch, Hamburg; **S. 63:** Marion Bührle, Berlin; **S. 65:** Marion Bührle, Berlin; **S. 66:** Sally Ritts © The Solomon Guggenheim Foundation, New York; **S. 67:** DPA (Erwin Elsner), Hamburg; **S. 69:** FOCUS (Koni Nordmann), Hamburg; **S. 70:** FOCUS (Koni Nordmann), Hamburg; **S. 72:** FOCUS (Koni Nordmann), Hamburg; **S. 73:** Dietrich Dettmann; **S. 75:** DPA, Hamburg; **S. 76:** DPA (Gero Breloer), Hamburg; **S. 77:** DPA (Wolfgang Langenstrassen), Hamburg; Burgtheater (Andreas Pohlmann), Wien; **S. 78:** Verlag der Autoren, Frankfurt/Main

Trotz aller Bemühungen war es uns in einigen Fällen nicht möglich, den Rechteinhaber ausfindig zu machen. Berechtigte Ansprüche werden selbstverständlich im Rahmen der üblichen Vereinbarungen abgegolten.

1. Auflage A 1 5 4 3 2 1 | 2008 2007 2006 2005 2004

Alle Drucke können nebeneinander benutzt werden, sie sind untereinander unverändert. Die letzte Zahl bezeichnet das Jahr dieses Druckes.
Dieses Werk folgt der reformierten Rechtschreibung. Ausnahmen bilden Texte, bei denen künstlerische, philologische oder lizenzrechtliche Gründe einer Änderung entgegenstehen.

Redaktion: Eva Kaiser
Umschlaggestaltung und Innenlayout: Gupta – von Ameln/Team für Gestaltung, Jülich
Satz: Kassler Grafik Design, Leipzig; Ernst Klett Schulbuchverlag Leipzig GmbH, Leipzig
Repro: Meyle & Müller GmbH & Co., Pforzheim

Druck: Konradin Druck GmbH, Leinfelden-Echterdingen

ISBN 3-12-347479-8

9 783123 474798